幸福が満ちる
愛のことば

ヨグマタ相川圭子 著

大和書房

「愛」を捧げ「調和」を奏でます

コロナ禍の中、みんな不安を抱え生きていきます。この中で、人間はどうバランスをとり、精神と体を調和と安定させていくのか、根本的な解決が見いだせないのです。

この本で、あなたが神からの愛に出会い、癒やされ平和になって生きる勇気をもっていただきたいのです。本書を読み、あなたは勇気と癒やしをいただけることと信じます。

さて、愛とひと言で言っても、いろいろな愛があります。愛が苦しいのでもう人を愛さないという人もいます。愛した人との別れが苦しかったのでしょう。また、ペットが亡くなって悲しんでいる人もいます。

人は愛しすぎて何かに依存したり、愛を失って気持ちが沈んだり、つねに心は忙しいのです。愛しい人に裏切られ、物を愛するほうが楽だと、それらを集めます。しかし、あなたの依存する人や物は本質なことではありません。愛は美しいのですが、苦しみを与えます。その愛は何なのでしょうか。

私のすすめる愛は違います。減らない愛、変化しない愛、苦しまない愛です。苦しみの愛は、心の愛です。欲望の愛は、体の愛です。執着する愛です。ともに愛し合うことは美しいのですが、セルフィッシュな愛でもあるのです。まわりが見えず、自分だけ幸せであればいい愛です。しかし、痛みを感じるからこそ、そこに学び、気づいて進化して、次の愛に進めるのです。

ヒマラヤの教えでは「心を超えたところに愛の海があり、愛はそこから無限に湧き出している」と説いています。

それを目覚めさせるのがシッダーマスターのディクシャであり、ヒマラヤ瞑想の波動です。あなたは自然に素晴らしい人になることができます。

そして、神が与えてくれたこの体と心を正しく使い、素晴らしい価値ある人生を歩むのです。

そのヒントは、本書にも述べています。神のような心と智慧が、この心身の内側の神秘の力として隠されています。ヒマラヤの聖者はそれを発見したのです。心の奥にある愛の海を目覚めさせます。その愛を引き出します。

神を愛します。マスターを愛します。マスターは目覚めた人であり、無限の愛からあなたに愛を与えます。すると、あなたのハートのチャクラ、愛のセンターが目覚めます。その愛を、あなたのまわりの人に分かち合うのです。あなたの家族、あなたの会社の仲間、恋人でもいいでしょう。今までの愛から、質の高い愛に成長させていきます。

依存の愛、心の愛、欲しいと望む愛、ギブアンドテイクの愛から無償の愛、捧げる愛に成長させていきます。

その人の幸せを祈ります。シッダーマスターの祈る力でもっとパワフルに、あなたの救いたい人を無限の愛の人に導きます。進化して幸せになっていきます。

太陽は、何もいただかないでただ輝いています。そして、みんなに命を与えています。みんなの愛はギブアンドテイクです。与えたらお返しをいただく愛です。永遠の本質、本当の自分になるためには、太陽のような宇宙的な愛、魂からの愛を捧げていきます。そのことで真理を悟っていくことができるのです。

あなたは人のために尽くします。愛を成長させていきます。そのことは苦しみを生まないのです。菩薩《ぼさつ》の生き方をするのです。菩薩とは、慈愛を伝えて悟っていくということです。内面の美しい人の生き方になります。

本書があなたを取り巻く人々や自然、宇宙や神、そしてあなた自身の内奥にまで目を向けさせ、新たな思いを抱かせる「気づき」となれば幸いです。

ヨグマタ相川圭子

Part 1 幸福が満ちてくることば

もくじ

Part 2 生が輝くことば

もくじ

もくじ

Part 3 縁を紡ぐことば

もくじ

Part 4 ヒマラヤのことば

もくじ

太陽のような光が、私たちの内側奥深くにあります。
それが、あなたの知らない本当の自分。
死ぬことのない永遠の存在です。
——194

すべての人に心と体があり、魂があり、一生懸命に生きています。
相手を尊敬します。
人を助け、親切にします。
他人を理解しながら生きていきます。
これが完全な人間の務めです。
——198

祈りは大切です。
朝起きたら、感謝して一日の平和を祈ります。
祈るだけで、一日よい心で過ごせます。
——200

人のために祈ります。
純粋な心で祈ります。
一日をやすらかでいるために祈ります。
——202

幸福が満ちる 愛のことば

もくじ

column
小宇宙を輝かせる 5 elements

"Love & Happiness"

Part 1

幸福が満ちてくることば

"Love & Happiness"

「愛を感じる」。
その感度をよくしておけば、
内側から湧き出てくる幸福で
満たされます。

見えない存在からの愛で心のつかえを溶かす

あなたが幸せになるには、どうしたらいいのでしょうか。

あなたの中にはさまざまなブレーキがあって、それが前へ進むことを躊躇《ちゅうちょ》させています。恐れがあります。恥ずかしさがあります。心が考えすぎています。否定的に考えます。こうした負の思いが、あなたの足かせとなっているのです。

幼いときに親から、こうしてはいけない、といわれたのかもしれません。自分が欲しいものを得ようとして、失敗した体験があるのかもしれません。または、何かに遠慮して、思いきり力が出せないのかもしれません。

まずはこうした「心のつかえ」を理解します。そして、愛によって溶かすのです。感覚の曇り、心の曇りをとって、見えない存在とのつながりを深めていきましょう。無限の愛とつながることで、あなたの執着や怯《おび》え、ネガティブな思いが溶けていきます。至高なる存在からの愛を感じる、その感度をつねによくしておけば、内側からじんわりと湧き出す幸福があなたを満たします。

"Love & Happiness"

1

あなたの心の奥深くには
無限の愛があります。
それは、すべてを
受け入れてくれる愛の海です。

ありのままの自分を愛することで本当の愛が手に入る

あなたの心のさらに奥に、愛が存在します。それは減らない愛、本当の愛、無限の愛、愛の海です。

今のあなたは心の愛、執着の愛を使って生きています。

本当の愛を目覚めさせましょう。あなたの心に渦巻くいろいろな考えや疑問を一度ストップします。心を平和にしましょう。心を浄《きよ》めて、感覚も浄めます。感覚をむやみに働かせません。感じるのです。

いろいろなものに目をやり、感じます。ただ感じます。すると自分に命があり、そこに愛があることを感じはじめます。その自分を愛しましょう。そうすることで、心のさらに奥深くにある愛にタッチできるのです。

愛があなたの苦しみを溶かします。こだわりを溶かします。あなたの恐れを溶かしてくれます。心は苦しむのです。しかし、愛の海はその苦しみをのみこんでくれます。すべてを受け入れてくれるのです。

"Love & Happiness"

「許す」という言葉を使いません。

理解できない相手を許すのではなく受け入れる

人と人との関係は、つねにわかり合えるとは限りません。人それぞれに育ちが違い、価値観も違います。お互いに相手が理解できないと、ついイライラしてしまいます。自分のやり方にこだわる人は、人のやることが気に入らないでしょう。自分と違うやり方を拒絶することから、争いが生まれてしまうこともあります。

いったい、どうやって調和をはかればいいのでしょうか。

答えはひとつ。相手のあるがままを受け入れるのです。それは「相手を許す」ことではありません。「許す」というのは、上からの目線です。そうではなく、ゆとりのある心で「ああ、そうか」と相手の声を聞く耳をもち、ひと呼吸おいてから、相手をそのまま受け入れるのです。

ヒマラヤの恩恵は心のこだわりを溶かし、相手を受け入れる心の余裕をつくってくれます。自分との違いをジャッジ（批判）するのではなく、学びとしましょう。そう考えれば人間関係の数だけ学びがあります。

"Love & Happiness"

恐れや緊張がマイナスの波動を呼ぶこともあります。
自分を信じて、無心でベストを尽くせばいいのです。

謙虚な気持ちで、素直に自分を投げ出してみる

人は誰でも失敗をします。何をやっても完璧な人など、いないと思います。なかには失敗することを極度に嫌ったり、恐れたりする人もいます。

そういう人は「怒られないように」「失敗したらどうしよう」と妙に緊張したり、おどおどしたりすることで、かえって悪い結果を引き寄せてしまうケースがあります。恐ろしいと思う波動が、マイナスの波動につながってしまうからです。

「失敗しないように」という消極的な姿勢ではなく「自分はまだまだ未熟、失敗したときはご指導ください」と、謙虚な気持ちとまわりの方への尊敬をもてばよいのです。自己防衛ではなく、自分を素直に投げ出していきましょう。そうすれば、それが見えない力を引き出し、うまく事が運ぶものです。

私のところでは、ヒマラヤシッダー瞑想やワークで原因を癒やして解放し、自由な自分を取り戻していきます。そして、神を信じ、自分を信じて今にいることができるようになります。

"Love & Happiness"

「取り込む」から
「捧《ささ》げる」へ。
モードを切り替えてみます。

取り込みたい気持ちが高じると執着を生む

人はつねに欲しいものを手に入れ、自分の中に取り込んで生きています。学歴や地位を身につけたり、お金を手に入れたり、技術や知識を自分のものにしたり。あるいは食べものや洋服など、毎日必要になる身近なものも取り入れています。さまざまなものを取り込むことで自信や信頼を得たり、喜びや満足を感じてきました。

しかし、取り込む行為は心に執着をつくります。

「あれも欲しい、これも欲しい」。欲するものが増えれば増えるほど、その執着も大きくなります。それが度を越すと欲望が渇望に変わり、エネルギーを消耗し、心に苦しみが生まれます。

そんな執着を取り除くには「捧げる行為」をすることです。「取り込む」とは、まったく正反対のスイッチをオンにするのです。見返りを求めずに、いいエネルギーを出していきます。布施と奉仕を捧げることで、深い執着が落ちていきます。するると心がスッと軽くなり、心の奥から湧き出るような喜びに満たされます。

"Love & Happiness"

1

エゴの愛から慈愛へ
シフトします。
それは人のために
愛を差し出す生き方です。

本当の自分に対して誠実に生きているか

人はみな一生懸命生きていますが、自分を守ることに多くのエネルギーを使っています。それは人間の本能でもあるのですが、自己防衛が身についているのです。言い訳をするのは、自分が責められるのを嫌うからです。責任を逃れて、少しでも罪を軽くしようとします。素直に自分の非が認められないこともあります。

大切なのは、自分に対して誠実であるかです。

神は遍在し万物にも宿り、すべての人の行為を見ています。それに対して誠実であるかどうかなのです。それは自己との戦いでもあります。あなたの心と体は、神が守ってくださっています。太陽の光は注がれ、月が輝き、すべてが与えられているのです。その信頼を裏切らないことです。

そうすれば尊い存在との絆から愛が引き出され、あなたは人のために愛を差し出す生き方が実践できます。それはまわりの人を幸せにする、深く、大きな愛、慈愛といえるものです。

"Love & Happiness"

源の存在につながる
井戸を掘れば
無限の愛と高次元の
エネルギーが湧き出します。

源の存在からのパワーは「命の力」を燃やす原動力になる

人類は住む街をつくるときに、まずライフラインを整備しました。何もない時代なら、湧き水の近くに住むことを選んだと思います。あるいはきれいな水を得るために井戸を掘りました。それらはまさに「命の力」となる大切な水です。

源の存在につながり、悟っていくということは、しっかりとした井戸を掘り、そこから水を汲《く》み出すようなものです。永遠の存在と絆で結ばれ、そのホットラインを通じて高次元のエネルギーと無限の愛を与えていただきます。

その最も大切な源と一体になり、悟りへの道を開発したのがヒマラヤ聖者たちです。それを受け継ぐ彼らは、神秘の力を引き出す術《すべ》を知っています。

ヒマラヤ聖者は、あなたを源のパワーにつなげる鍵をもっています。あなたが真摯に望めば、そこへの門戸は開き、ヒマラヤの恩恵を受けて、命の力を充実させることができます。

心のままに生きていると不満が7割、
満足は3割程度でしょうか。
「これで十分、これだけあれば幸せ」と
感謝すれば満ち足ります。

「自分にないもの、もっていないもの」をあげればキリがない

心はつねに動きまわり、自分の不足を思い、それを満足させるものを探し続けています。このエゴの心にまかせて行動すると、満足することは多くても30％ほど、残りの70％は不満や否定的な思いにとらわれるのではないでしょうか。

不満が起こるのは、もっと幸せになりたい、成長していこう、という向上心もあります。しかし、その多くは、悔しさや腹立たしさといった負の感情、そして「足りない、足りない」という不足の思いです。物や才能、容姿など、自分に満足できないこと、自分を嫌ってのことなのです。

こうした否定的な思いを変える秘訣があります。それは自分の「もっていないもの、不足しているもの」を数えるのではなく、自分に「あるもの、今もっているもの」を思い浮かべることです。そして「これだけあれば十分」と感謝をして、現状を肯定します。そうすると気持ちがスッと楽になり、前向きになれます。

さらに、魂の願いを実現していくのです。エゴを超えて神聖な人になるのです。

"Love & Happiness"

感謝は愛なのです。
とても大きなパワーを
もっています。

ハートフルな気持ちが調和を生む

感謝は人を元気にさせ、あたたかい気持ちにさせます。感謝をする人も、された人もです。感謝はシンプルな愛の形です。

瞑想をしてヒマラヤの恩恵をいただけば「心の感謝」が「魂からの感謝」になります。心のレベルとはかけ離れた、大きくパワフルなエネルギーを相手に伝えます。

宇宙に、太陽に、地球に感謝します。

生かされていることに感謝します。

まわりの人たちに感謝します。

ご先祖様に、両親に、自分の魂にも感謝します。

そして体が動いていること、内臓が動いていることをありがたく思います。自分の体に感謝すると、源の力が働いて、体の機能が上がります。

魂からの感謝は、すべての深いところへ届きます。それをみんなでシェアすれば、さまざまな不安や混乱が調和に転じて、安らぎと平和が訪れます。

"Love & Happiness"
1

溜め込まずにシェアする。
エゴのない生き方をする。
これが幸せな人に共通の
スタイルです。

幸せな人はよいエネルギーの循環をつくり出す

　幸せな人を観察していると、見返りを期待しないで親切にする人が多いようです。自分の貴重な時間を使って奉仕をしたり、ドネーションで何かの役に立てるようにしています。つねによいエネルギーを発し、それがうまく循環しているのです。人はエネルギーが循環し滞らずに流れているとき、快適な感覚を覚えます。そして素直な心で、愛をもち、感謝をもって生きていけるのです。これは悟りへの道に通ずる生き方です。悟りへの道は、このように体と心を正しく使っていきます。

　私たちの根源には無限の愛があり、智慧があり、パワーがあります。その働きを引き出して生かすには、まず自分を信じることです。さらに、自分の根源である魂と、大いなる存在との信頼関係を築きます。そのことによってパワーをいただき、愛をいただいて、それが心の活力、体の活力になるのです。

　その心と体はただ自分のためだけではなく、他人を生かすため、まわりへ幸せをシェアするために使っていくのです。

人を生かすことで自分が生きるのが本当の助け合い

人のために何かしてあげたものなど、その成果と結果に執着しないことです。執着するとカルマ（↓48ページ）となり、源からのエネルギーがうまく流れなくなります。つくり上げたものには執着をしないで、次に進んでいくのです。それが理想の生き方です。愛を出し、智慧を出し、自分が過去に一生懸命になったこと、こだわって形にしたものを手放していきます。

さらに幸せを大きく広げるなら、できればみんなが瞑想し、そして自分の内側に何があるかに気づくことです。魂を浄化して変容し、進化する愛の人になれば、さらに人を助けられる人になっていくのです。

私の会の会員である女性は「本当に人を救うということは、人の魂を救うこと」といった私の言葉から、ヒマラヤシッダー瞑想を広める活動を手伝うようになりました。人のために尽くすほど時間が減るのではなく、たとえ物理的な時間が減ったとしても、直感が冴えて神業的に仕事が進んだり、仕事の時間が奇跡的にいただけたり、ありえない助けが入ったりしたそうです。

私の会の道場の建立のために奉仕した女性は、長年、何をしてもだめだったコンプレックスから解放され、今まで体験したことのない喜びを感じた、と報告してきました。

また、ある男性は奉仕やお布施をしたことで、収入が倍になったそうです。

みなさん、捧げる生き方で一気に深い執着がとれ、神からのパワーが働いて変容し、生まれ変わっていったのでしょう。

これが本当の意味の助け合いです。人を生かすことで自分も生かされるのです。エゴを落とした生き方ともいえます。そうした循環になっていくことで、あなたは神に近くなり、深い瞑想ができ、自然とまわりを癒やす存在となるでしょう。

そしてシッダーマスターにつながって無償の愛を出し、奉仕をし、瞑想をして執着をとる、新しい生き方をまわりにも伝えていきます。それが真の幸せになる道です。自分に溜め込むと、エネルギーが流れなくなるのです。つねに無償の愛をシェアをし、エゴを落としていくのです。

"Love & Happiness"
|

変化がなければ
進化もありません。
古いものに固執せず、
ときには手放す勇気も必要です。

変化は自分を変えるいい機会

この世にあるものは、すべてが移ろうものです。私たちの暮らしや社会、人との出会いや別れといった人間関係、そして何より、人は老いてやがて死を迎えます。こうした体の変化は、誰にも止められません。

恐れや悲しみを捨てて、成長を受け入れます。変化は進化なのです。変化は悪いことではありません。現状を捨てて生まれ変わります。

時代の変化、年齢の変化を受け入れます。新しい出会いがあります。恐れではなく、希望で迎えます。自分の心が変化後の世界を創るのです。普段の行い、カルマ（↓48ページ）の積み方にかかっています。あなたの思いが引き寄せます。

さらにいい人格になるために、古い思い込みのあなたを捨てるのです。心は自分ではないのです。体も自分ではないのです。その真理を実践していきます。心を空っぽにします。今にいて、無心になることに取り組んでみましょう。それがあなたの魂を進化させる大きな一歩になるはずです。あなたの変容です。

"Love & Happiness"

行い、思い、言葉づかいを
振り返れば
幸せを引き寄せやすくなります。

引き合うものには必ず何かの因縁がある

幸せをつかみやすい人は、幸せを引き寄せる力をもっています。

すべての動物は、本能によってセンサーを働かせています。自分にとって危険か、そうではないか。人間の場合は敵か味方か、有利か不利か、好きか嫌いかなど、心の記憶や価値観が加わった嗜好《しこう》や性質によっても、敏感にセンサーが働いています。

そうすると心が嫌いなものは寄せつけないはずですが、嫌いでも寄ってきてしまうのは、どこかでそれを欲しているからです。

あなたの運命を翻弄《ほんろう》するようなもの、困難や苦労がやってきます。

いいものだけがやってくるようにできないでしょうか。そうすれば、幸せも引き寄せられるはずです。あるいは何もしなくても、いい運命の人はいるのでしょうか。

そこには、何か法則があるはずです。

すべてのものは引き合う力で成り立っています。好きなものは引き合い、嫌いなものは反発し合います。

それが「因縁の法則」があります。因縁とは原因と縁の結果です。もしあなたが悪いカルマをもっていれば、悪い因縁となって悪いことを引き起こさせるのです。
そうならないためには、よい因縁をつくることです。

よいカルマを積むことでよい因縁が生まれる

私たちのすべての行為や思いをカルマといいます。仏教では業《ごう》と呼ばれるものです。このカルマは、あなたの心と宇宙空間に細大漏らさず記録されます。この記録と記憶もカルマと呼ばれます。

カルマには「因果（カルマ）の法則」という絶対のきまりがあります。これは「何ごとも原因があって結果がある」ということです。何か行為をすると必ずその結果が生まれます。その結果がよいものならば、よい原因があったからです。悪いことはその逆です。この原因に良縁、悪縁が重なると、それ相応の結果を招きます。

ですからよい行いをすることが、今後のよい因縁をつくることになります。

ただし、毎日起きるできごとは、過去に積んだカルマの結果が実を結んでいます。

それはもう取り返しのつかないことです。

ヒマラヤシッダー瞑想には、これを浄化する力があります。悟りのマスターの守りをいただきながら、潜在意識にアクセスして、積んできたカルマを浄めたり整えたりしていきます。カルマが浄化されれば、悪い因縁もリセットされます。

さらに、カルマを浄化するには、日々の行いも正さなくてはいけません。「人を傷つけない」「悪口を言わない」「人のものを盗まない」「嘘をつかない」これらを実践します。正しい思いの使い方をし、言葉も正しく使っていきます。

そして「性欲、食欲、睡眠欲に溺れず、心をコントロール」します。これは「足るを知る」ということです。

欲をかきすぎず、ほどほどで満足する心をもつのです。

ヒマラヤの恩恵に守られたうえで、つねにカルマを律すれば、嫌なものは引き寄せません。さらに、積極的に「身・口・意」（体・言葉・思考の行為）で捧げる生き方を加えていけば、よい因縁となり、幸せを引き寄せやすくなるでしょう。

"Love & Happiness"

美しい人になる秘訣《ひけつ》は
シッダーマスターを通じて
神を愛することです。

シッダーマスターが神とあなたの橋渡し役になる

神は私たちのまわり、あちらこちらにいるのですが、形もなく、目にも見えないので、とらえることができません。そのとらえどころのない神とあなたをつないでくれるのが、ヒマラヤ聖者です。

ヒマラヤ聖者はシッダーマスターともいわれ、秘境での厳しい修行で心身を浄め、神と一体になった尊い存在です。ですから神を愛することと、シッダーマスターを愛することは同じことなのです。マスターと絆を結び、マスターを愛することで源の存在から祝福がいただけ、新しい自分に変容できます。

ディクシャという儀式により、シッダーマスターが源の存在にあなたの意識をつなげます。それはヒマラヤの恩恵との出会いでもあり、すべてを創り出す神への旅、本当の自分に出会う旅のはじまりでもあります。神から高次元のエネルギーが注がれ、あなたを浄め、整えていきます。それは小手先だけの美容法とは違い、カルマが浄化されることで、魂から美しい人に変容していきます。

"Love & Happiness"

あなたの中に神の分身がいます。
自分を信じることは、
この神を信じることになります。

自分を信頼することが自信と誇りになる

私たちは生まれてから成長を続け、さまざまな体験をしながら歳を重ねていきます。そしていつかは死を迎え、魂が体を離れるときがきます。魂を包む心には、生前の行為、思いがすべて記憶されています。それは消えることなく、魂とともに永久に残り続けます。肉体は滅んでも、魂は死なないからです。

私たちの肉体を生かしめているのは、この魂です。そしてその純粋な存在が、じつはあなた自身、自己なのです。魂のことを「アートマン」とサンスクリット語でいいます。それは大きな宇宙の根源の存在である「パラマアートマン」から分かれた存在です。分身といってもいいでしょう。

あなたの中にも神がいるのです。ですから自分を信じるということは、神を信じることになります。もっと自分を信頼していいのです。それが自信と誇りをもって生きる原動力になります。そして根源の存在を信じ、みんなの中にある神も信じて、そこに感謝と尊敬を捧げる生き方をしましょう。

"Love & Happiness"

損得やコスパを超えていきます。
人に与えることで
執着が落ちます。

見返りのない行いで愛をシェアする

子どものときからものを買い与えられることに慣れてしまうと、それがあたり前になってしまい、人に与えることが学べません。

世の中には人間関係をよくするために、ものを与え合う習慣があります。お中元やお歳暮、クリスマスや誕生日プレゼントもそうでしょう。いただいたらお返しをする、ギブアンドテイクです。これが社会の潤滑油の働きをしています。

そして、さらに高い捧げる生き方があります。それは魂を磨くために深い執着をとって浄化し、悟りに向かう生き方です。

あなたの無償の愛で人が真に成長するために、奉仕を捧げることです。相手の魂が磨かれ、自らも成長できるのです。

世間には見返りのない奉仕、ボランティアなどがあります。それもよいでしょう。自分の時間や体を差し出すことも、与えることと同じです。損得を超えて、心からの慈愛を捧げます。無償の愛で行動していきましょう。

自分の外側に依存する喜びに
真の幸せはありません。
今、いただいているものに
満足します。

身のまわりに集めているものは本当に必要ですか？

依存しているという言葉を聞いても、何のことかわかりづらいと思います。私たちは体と心と魂をいただいて生きています。これだけでは生きられないと思い、さらにいろいろなものを自分の内側や外側にもっています。

しかし、本当にそれは必要なものなのでしょうか。

死を考えると、私たちはいろいろなものをもちすぎている、ということがわかります。死ぬときは家も家具も、お気に入りの洋服やバッグももっていくことはできません。この体さえも、この世に置いていかなければならないのです。そう考えてみると、自分が今何に依存しているか、わかってくると思います。

つねに好きとか嫌いとか、心が忙しく働いています。そして好きなもの、欲しいものを、躍起になって得ようとします。あなたの体験からそういうことはなかったでしょうか。何のために欲しいのでしょう。

それを着ることで心がやすらぎ、仕事がはかどることもあるでしょう。しかし、そうした洋服は何着ももっているので、ただ衝動的に買いたくなったということです。そして、それをもった全体が自分だと考えているのです。それがあたかも自分を豊かにさせていると思っています。そうしたものをたくさん抱えています。

心の平和が破れると人や物に依存したくなる

人には悪い癖というのがあります。たとえばタバコはイライラを鎮めてくれるかもしれませんが、吸いすぎれば健康によくありません。子どものときはタバコを吸わなくても、心が平和であったと思います。ストレスを解消するために、気を紛らす行為がプラスされてしまったのです。これも依存のひとつでしょう。

本来、ヒマラヤ秘教とは、源の存在を信じ、真理を悟り、外のまやかしに依存しないで調和をはかり、幸せに生きることをめざす実践の教えです。

本当の幸せを、私が皆さまにお知らせしています。その回路を開発していくのです。あなたの本質は愛であり、平和です。しかし、それに気づかず、寂しさや悔しさ、平和でない心があると、外側のものによってその心を打ち消し、感覚や心が喜ぶことをしようとしているのです。すべて自己防衛なのです。本質を悟るのです。そのために自分を磨いていくのです。そうすれば依存が落ちて、あなたのエネルギーは無駄に使われずに、クリエイティブなこと、人を生かし、自分を生かすことに使われていきます。

50代の女性は「自分は外見の美しさも、高い学歴ももち合わせず、性格も地味。まわりから価値のない人間」といわれ、自分自身も否定的になっていたそうです。しかし、ヒマラヤの恩恵に出会って真理につながり、コツコツと善行を続けることで、さまざまな苦悩の心が溶かされたそうです。

ともすれば人の心は否定的で、これが足りない、私にはあれがない、と不足な面ばかりを見がちです。しかし、それではキリがないのです。私はいつも「今いただいているもので満足する。そこへ意識を向ける」ことをガイドさせていただいています。考え方ひとつ、物の見方ひとつで不満は満足に、そして「ありがたい」という感謝に変えられます。

story 1

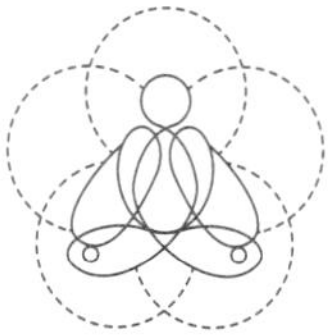

体は「空・風・火・水・土」でできている

ヒマラヤの教えでは「人間の体は小さな宇宙」としています。私たちの体は、あの壮大な宇宙を構成する要素と同じ「空・風・火・水・土」という、5つの元素でできています。自分の中に宇宙が存在しているのです。

宇宙のはじまりは、何もないところに神の意志で「光」が生まれ、そこへ「音」が運ばれてきました。そして次に何もない「空」が生まれ、やがて揺らぎが生じて「風」のエネルギーが生じ、さらに、「火」や「水」のエネルギーが生まれたのです。そして水が引くとそこに「土」のエネルギーが現れました。

こうして比重の軽いものから生まれ出てきたので、土の中には、ほかの4つの元素が含まれています。この5つの元素の組み合わせで、物質的な宇宙が創造されたのです。

そして、この5つの元素のエネルギーが、そのまま人体を構成しています。私たちの体の奥には空の体、風の体、火の体、水の体、土の体があり、それぞれが集まってこの肉体をつくっています。

"Make Life Shine"

Part 2 生が輝くことば

"Make Life Shine"

「下を見て満足する」。
こんな教えもあります。

今、与えられているものに磨きをかける

すべての生き物の中で人間は心が発達し、クリエイティブにいろいろなものをつくり出し、世の中を便利にしてきました。人間は、神から創造性に富んだ素晴らしい力をいただいたのです。

動物には心の発達がありません。人間のみ心が発達し、生きるなかで喜怒哀楽を味わうことができます。その意味で人間は動物に生まれるより幸せだ、という思いを含んで「下を見て満足する」という教えが、インドのヴェーダや仏教にはありません。上ばかり見て自分の力がないことを嘆くのではなく、今、自分にあるものをさらに磨いていくことが大切、という教示です。下にあるものを低く見るのではなく、ここに自分が生かされていることに感謝します。

この世界に人として生を受けること自体、稀有《けう》なことなのです。人間だからこそ、自分で道を切り開くことができます。人を進化させ、苦しみを除く修行ができるのも、人間に生まれたからこそです。

"Make Life Shine"

この世は
苦《く》娑《しゃ》婆《ば》ではありません。
人生は楽しいものです。

苦しみに満ちた世界をヒマラヤの教えで塗り替える

苦娑婆とは仏教の言葉で「この世（娑婆）は苦しみに満ちている」ことを表しています。また、苦しみをとる道を説いた「苦集滅道《くじゅうめつどう》」という言葉もあります。この世は苦しみである。この世にある苦しみとして、生老病死がある、と説いています。たしかにそのとおりです。

こうしたこの世の四苦八苦を、ヒマラヤ秘教の教えが取り除きます。

そもそも人生は楽しいのです。心を正しく使い、体を正しく使えば悟ることができ、真理の道が示されます。それを知るために、私たちは生まれてきました。私たちの中には宇宙的な愛があります。それはすべての人を包み込み、癒やします。人はその愛によって生かされています。

さらに、神の愛によって生かされています。神を愛します。神に愛を捧げます。神に感謝を捧げます。そのことで神からの祝福があります。それははかりしれないパワーに満たされたものです。

行為はあなたをつくります。

何生もの行為があなたの色を決めている

あなたが何かアクションを起こすと、その行為と結果があなたの中に刻まれます。そこには喜びの体験がありますし、あるいは悲しみの体験があるかもしれません。ありとあらゆる心の体験が刻まれていきます。それはあなたの履歴データのようなものです。今生《こんじょう》だけではなく、過去生から何生もの膨大な記録が蓄積され、ファイリングされていきます。

こうした幾多の体験によってあなたは染められ、個性とかキャラクターがつくられていきます。暗い体験が多ければ、重いエネルギーの質に。楽しい体験であれば、明るい軽いエネルギーの質になります。それは今までどう生きてきたかの結果であり、物事に対する好き嫌いや、趣味嗜好といった傾向にも反映されます。

あなたが運をよくしたいのであれば、行為自体をよいものに変えていきましょう。エゴではなく無償の愛からの行為で、よい結果が導かれます。さらに、ヒマラヤの恩恵につながれば、魂が浄化され、願いの叶いやすい環境が整えられていきます。

体験するものすべてに
意味があります。

その答えを無理に探さなくても、

「わかるときがくればわかる」。

そう天の配慮がなされています。

体験したことをジャッジせず、その瞬間に手放していく

私たちが体験する、よいこと、悪いこと、すべてに因果関係があります。過去生から連綿と続く結果です。

すべてを学びとして、つねによりよいものを選び、よい原因をつくり、よいカルマを生きるのです。それがやがて明るい未来につながります。

同じように、あなたの目の前で起きる現象にはすべて意味があります。そのときは怒ったり、悲しんだり、感情に翻弄されて理解できませんが、あとになって「あのときのことは、そういうことだったのか」とわかります。

そのように天の配慮がなされているのです。無理に答えを探す必要はありません。

むしろ大切なことは、目の前の現象に一喜一憂しないことです。意識を覚醒させて見るのです。瞬間にその思いを手放すのです。

幸運も不運もありません。ジャッジせず、ただ、起きたことを受け入れることで、心の支配から自由になれます。

"Make Life Shine"

自分にとってマイナスなことは
絶好の学びの機会です。

気づきのチャンスを得たことに感謝する

自分の好きなことはどんどん進めることができますが、嫌いなことや気が進まないことはそのままにしてしまう。そんな経験はありませんか。

なぜ嫌がるのでしょう。乗り気になれないのでしょうか。

以前、自分の何かが否定され、エゴが傷ついたのかもしれません。正しいと思ったことをダメ出しされ、それがトラウマになっているのかもしれません。

エゴとは「私」という意識ですが、それは人から何かを言われるのがとても嫌いです。自分以外の価値観を認めたがらないからです。

しかし、本当はそういう状況こそが、自分にとって最も成長できる場面なのです。嫌いなこと、苦手なことが、絶好の学びのチャンスになります。

目をそむけず、今こそもう一度そこに光を当て、感謝し、それが自分にとって大切なことであることに気づきます。こうして学びを重ねていけば、オールマイティで、バランスのとれた人に進化できます。

"Make Life Shine"

自分に起きる
悪いこともいいことも、
すべて自業自得なのです。

カルマによって描かれた人生プログラム

私たちの心の奥深くにある潜在意識には、ある設計図が記されています。それはカルマ（↓48ページ）によって描かれた、自分の人生プログラムです。過去にまいた原因という種が、今生でどのような結果として実を結ぶのかが書かれています。

しかし、自分には心の内側は見えないので、この設計図の中身は知る由がありません。ですから何か悪いことが自分に起きると、社会を恨んだり、人のせいにしたりして、自分の外側のものに怒りの矛先を向けがちです。

そうではありません。悪いこともいいことも、すべて自分の内側からやってくるのです。自分の中の欲望や執着にスイッチが入り、設計図にある同質の思いが刺激されると、外側からも同質のものが引き寄せられて現象化するのです。

目の前で起きることの原因をつくっているのは自分自身です。何事も自業自得なのです。まずそれに気づくことが解放につながります。そのうえで行いと思いを正し、ヒマラヤの恩恵で未来の設計図を変容し運命を変えていくことができるのです。

みんなが自分なりに
一生懸命生きています。
それを理解して
敬意を払います。

花がひとつひとつ違うように、人も個性や生き方はさまざま

花を見ていると華麗に咲き誇る花もあれば、ひっそりと目立たずに咲く花もあります。人間にも同じことがいえます。カルマによってキャラクターや個性、感じ方や生き方はいろいろです。

しかし、誰もがその人なりに一生懸命生きている、という点では同じです。みんなが精一杯、自分色の花を咲かせようとしている。そんな意識で人と接し、そこにリスペクトを忘れないようにしたいものです。

そうすれば意見の違いや価値観の違いがあったとしても、相手を受け入れ、理解するゆとりも生まれます。自分とは花の色が違うからとジャッジせず、そこに多様性を見いだしましょう。

源の存在を信じ、神と人々に愛を捧げることで浄めながら、神の力を上手に引き出して、まわりを潤す生き方をしていきましょう。それが人生という花を美しく咲かせることにつながります。

心と体の調和がとれると、
静かで平和な人になります。

ヒマラヤの秘法でバランスを整えて心身の安らぎをいただく

心と体の調和がとれていると平和になります。

調和が乱れると、あちらこちらに波が立ってぶつかり合います。エネルギーの消耗があります。エネルギーが乱れて、悩んだり、怒ったり、イライラしたりします。

天秤のはかりを思ってください。はかりはのせた物が重いほうに傾きます。左右の重みが同じならば、バランスがとれて停止します。心身のどこかが不調で重くなれば、あなたのはかりも左右のバランスが乱れるのです。

ヒマラヤ秘教の秘法とシッダーマスターの恩恵は、ストレスの塊を焼き溶かし、心身のバランスを整えます。あなたには左右で対《つい》になるものがたくさんあります。右脳と左脳、目、耳、鼻、手、足、そして生命エネルギーの通り道である、陰の道のイダー、陽の道のピンガラなどです。内側や神経から左右のバランスをとっていきます。すると、あなたの内側は浄化され、海の底のように静まり返ります。そしてすべての調和が整い、愛と平和に満たされます。

波動は同じ質のもの同士で
引き合います。
神を思えば、
神の波動が引き寄せられます。

ポジティブシンキングで良質な波動をつくる

幸せをつかみきれない人は、どこかに否定的な思いをもっているからです。心に思うことは、その質によって連動し、同質の結果が表れます。ネガティブなことを思えばネガティブな事柄を引き寄せたり、思い出したりすることになり、同じクオリティの事柄が連動していきます。

たとえば、疑いは疑いを呼びます。そこからなかなか脱却できないのです。ジャンプしても負のエネルギーが重いので、下に落とされてしまいます。

そこで、思考をポジティブに変えることが大切です。自分に起きたことを受け入れて「学びをいただいている」と感謝するのです。結果が期待を裏切るものでも「まだ機が熟していないのか、おかげで準備する時間が増えた」とよいほうに解釈します。できればヒマラヤの恩恵につながり、悟りの高次元のエネルギーをいただいてください。そして今までとは違うステージへ引き上げていただきましょう。そのご縁を、この本を通して得ていただきたいと思います。

他人は自分を映す鏡。同じような質の人同士が引かれ合う

ヒマラヤ聖者（シッダーマスター）は心身を浄め、神と一体になった存在です。マスターから純粋なエネルギーが、ディクシャという儀式によって伝授され、源の存在から高次元のエネルギーがあなたに注がれます。さらに、自らも高次元のエネルギーにチャンネルを合わせていきます。

源の存在からの強大なエネルギーは、あなたの混乱を正していくことができるのです。あるいはネガティブなエネルギーをポジティブに変えることができます。

神を思い、シッダーマスターを思うことで、よいエネルギーをいただき、よいものを引き寄せていく力が大きくなります。無限の神のエネルギーも、引き寄せられるようになるのです。

神から発せられるエネルギーは枝葉に分かれ、宇宙空間や私たちを満たしています。その聖なるパワーが、あなたに直接届けられるわけです。それはあなたの運命を変えるきっかけにもなります。

知人との価値観の違いに悩んでいた方がいました。

相手の方はこちらの言うことにいつも否定的で、ことあるごとに見下し、揶揄《やゆ》するような発言をしたそうです。頭が固くて、とても理屈っぽい人だそうで、彼女は、この方の発言と態度に嫌悪感を抱いていました。

ところがある日、別の人との会話の途中で「自分もあの方と同じではないか」と、彼女は自分自身の言動に驚いたそうです。

自分が嫌っていた人と同じように、自己防衛から理屈を並べたてて、自分の意見を強引に正当化させていたのです。つまり、彼女は自分の真の姿を相手の中に見ていたわけです。

「類は友を呼ぶ」といいますが、嫌いな人と彼女は、同じ質のエネルギーをもっていて、互いに引かれ合っていたのでしょう。

無意識にこびりついていた悪い習性や、自分の驕《おご》りにも気づくことができ、彼女はホッとしたそうです。それからはヒマラヤシッダー瞑想を続けながら、人に敬意を払い、その幸せを願うことを意識しているそうです。

無欲でやれることに
ベストを尽くします。
コツコツ続けるうちに
心の力がついてきます。

この世で最高の集中の対象は「源の存在」

根気よく物事を続けていくには、集中力が大切です。欲望があると気が散ってしまい、ひとつのことに集中することもできません。ただし、集中するとエネルギーを消耗するので、リラックスすることも大切です。両方のことを学ぶ必要があります。

小さいときから興味のあること、好きなことに集中して、大人になってそれが仕事になる人は幸せかもしれません。それは精魂を傾けて、倦《う》まず弛《たゆ》まず事を継続してきた結果でしょう。

ヒマラヤシッダー瞑想を続けると、心をコントロールして、ひとつのことに集中する力が身につきます。仕事も家事や用事でも、大きな集中力が発揮できます。

そしてあなたの最高の集中の対象は、高次元の存在です。

そこに集中し、愛し、信じれば、あなたはパワーをいただき、忙しい日常生活も楽にこなしていけます。

小さなことをやり遂げる力が積み重なって大きなことができる

人によっては「大きなことを成すのが自分の使命で、小さなことは意味がない」と考えているようです。自分にはその能力があるのに、そうしたものに出会わないのは運がない、と嘆いている人もいるかもしれません。

しかし、大きなことを成し遂げるには、小さなことをやり遂げる力の集積が必要です。小さなことからコツコツと集中してやっていくことで、それがやがて大きな結果として実を結ぶのです。

ひとつのことを続けるうちに、実力が身についていきます。

石に水滴がポトンポトンと落ちて、長い年月で見事に大きな穴が開きます。それはコツコツとしずくが落ちたからです。小さな力が集まって大きなことができるのです。

これはさりげない自然の大きな力です。

継続は力なりです。

日頃からどんなに小さなことも、些細《ささい》に思えることでも、侮《あなど》ることなくしっかりとやることがすべての基本です。

ヒマラヤシッダー瞑想もコツコツ続けます。愛をもって続けましょう。

すると心の力、意志の力が次第に強くなり、物事を成就させていく力が身につきます。それは消耗の反対の充電する営みであり、いろいろな矛盾が溶けて心身も楽になります。その具体例として、ヒマラヤシッダー瞑想の先に光を体験した人たちを紹介します。

瞑想を毎日続けていくうちに「他人や物事に対して、ネガティブな思いを抱かなくなった」という方がいました。不快感とも無縁になり、気がつくとまわりの人が自分に対して好意的で、親切な方ばかりになったとか。

また、毎日欠かすことなくヒマラヤシッダー瞑想を続け、30年間苦しんだ便秘が治るなど、体調がすっかり改善されたという方は、ギクシャクしていた夫婦仲もいつか円満になったそうです。

"Make Life Shine"

平和な心をつくり出すには、
「すべては消えていくもの」という
最終の気づきが必要です。

この世界は心の投影がつくり出すイリュージョン

この世界はつねに変化しています。あなたは感覚を働かせて、いろいろな情報をキャッチします。「きれいな空だ」「あの靴が欲しい」「あの人は自分をどう思っているのか」、いろいろな目に映るもの、耳に聞こえるものが刺激となって、心があれこれ動きます。そして、あなたに何らかの行為を起こさせます。

こうして心と感覚は刺激を受けて、ノンストップで動いているのです。立ち止まると倒れてしまうのではないか、みんなから後れをとってしまうのではないか、不安や恐れを抱えて生きるために走り続けます。

それをストップさせるのがヒマラヤ秘教の教えです。心と体が自分と思っています。この世界が実際にあると思っています。しかし、それは心の投影がつくり出している幻影です。形のあるものは、やがて変化して消えていくものです。

あなたの中に平和な心をつくり出すには「すべては消えていくもの、本当のものではない」という最終の気づきが必要なのです。

"Make Life Shine"

自分を宇宙の中心に置いて
自分を信じて進みます。

魂は宇宙の源へと向かう入り口

本当の自分とはいったい誰なのでしょう。それはどこにあるのでしょうか。そして、宇宙の中心とはどこなのでしょうか。

人間の存在は小宇宙です。その中に私たちを生かしめている魂があります。それをアートマンといい、源へと向かう扉になっているのです。その道を進むには源の存在を信じてつながり、悟りのマスターのガイドが必要になります。

源につながるのは至難の業です。何かイメージをしてつながることができるかもしれませんが、それは単なる思い込みで、何も変容しません。すぐ心の働きに振り回され、苦しむ生き方をしていかなければならないのです。

あなたは自分を信じて、エゴで覆われた源の存在に到達することをめざします。それが悟りへの道、修行です。ヒマラヤシッダー瞑想とマスターのパワーが、遥かなる小宇宙への旅にあなたをガイドします。それはアートマンへの旅であり、「本当の自分」への旅路でもあります。

ひとつひとつのことを
感謝しながら、
心を込めて行うこと。
苦しみ、悩みから抜け出す
方法のひとつです。

心が揺れるときこそ、平和になる心を使う

人にはいろいろな進化の方法があります。ヒマラヤ秘教はあなたを悟りの道へ向かわせ、段階を追って進化させていきます。

人は欲望によって、エゴの心で行為をしてカルマを積んできました。つねに自分を守るために生きてきました。誰かに負けないように、先を越されないようにと頑張って生きてきました。

そこには心があり、その中には恐れがあり、競争があり、不安があります。そして人をジャッジ（批判）し、自分と比較して悩みます。生きることに悩みはつきものです。病気もあります。老化することもあります。

心がいろいろと揺れますが、いつも平和になる心を使います。何が起きても学びとして受け取り、感謝します。一瞬一瞬を感謝して進めば、否定的な気持ちが湧きません。全面的に愛を込めて、精神を気づきにつなげ、ひとつひとつの行いをしていけば、おのずと苦しみや悩みから解放されます。

不満や物足りなさを
感じるときは、
心のスイッチをオフにします。

物足りなさから外側に何かを求める生き方をやめる

心と感覚はつねに刺激を求めています。しかし、一度それを体験すると二度目はその刺激に慣れてしまい、物足りなさを感じるのです。

それでも人は新しいものを追求し、次から次へとクリエイティブにいろいろなものをつくってきました。外側からの刺激に興奮し、感覚の喜びを味わってきました。

何も刺激がないとつまらない、何か現状に満足できない、そんなモヤモヤを感じたときは、休みなく働く心を見つめ、休息させましょう。

ヒマラヤ秘教には、心のスイッチをオフにする秘法があります。

工場は、休日にすべての電源を落とすと静まりかえります。同じように私たちも表面的なリラックスではなく、すべての電源を切り心を休ませる必要があるのです。

ヒマラヤの恩恵につながると、あなたの中に静寂が訪れ、癒やされ、いろいろなものが整い、内側から満たされていきます。心に源から湧き出るような幸福を感じ、そこに不満や物足りなさを感じる余地はなくなります。

誰もが使命をもって
生まれてきました。
それは調和をはかることです。
世界を平和にすることです。

「自分は誰なのか」。宇宙の真理を知ることで満たされる

あなたの才能を開花させ、それを社会のために役立てるのは素晴らしいことです。才能が豊かな人は、それを伸ばせばいいと思います。

小さいときに何か才能を開くチャンスがあり、それをずっとやってきた人もいるかもしれません。大人になってもそれで衣食住が維持できているなら、恵まれた才能に感謝の気持ちが湧くでしょう。

しかし、それだけでは幸せになれないのです。

自分はいったい誰であるのか、それを知ることが宇宙の真理を知ることであり、それによって人は完全に満たされるのです。その扉を開くのがヒマラヤの教えです。できればヒマラヤのパワーに守られながら修行をし、自分を進化させて、人間性を高めてこの世界をもっと平和にしてください。

神は平和を望んでいます。つねに争いを鎮めようとしているのです。あなたの使命は調和をはかり、多くの人が喜びと幸福を共有する道すじをつくることです。

"Make Life Shine"

マインドをはずした人助けは、
宇宙的な愛の奉仕になります。

奉仕する側、される側。お互いが進化する関係

人が喜ぶことを捧げて人を助ける。それが本当に人のためになっているのか、それは自分を浄化しないとわからないのです。よかれと思ってしたことが逆効果だったり、かえって相手に気をつかわせたりすることもあります。マインド（心）で行う奉仕や人助けには、苦しみや不安、息苦しさを感じる場合があります。

しかし、宇宙からの祝福をいただき、根源のパワーをいただいてマインドがはずれると、ただ安心で楽になり、相手の望むことを自然にできるようになります。そこには何のストレスもありません。そうなってはじめて、まわりに愛をシェアし、人を助けることができます。

ヒマラヤの教えは「自分がどこから来たのか、何のために来たのか」、宇宙からの答えを聞き出すために修行をします。そして宇宙の源と一体になっていきます。神につながっての捧げる行為は「奉仕する人、される人」の両者を進化させます。そして、こうした生き方はあなたを自由な人にし、まわりから愛される人にします。

"Make Life Shine"

年齢を重ねることは黄金です。

内側が光り輝くと、人が寄ってくる

人は生まれ、幾多の年月を過ごしながら年齢を重ねていきます。その中でいろいろなことを体験し学んでいきます。喜怒哀楽の人生を歩んでいきます。ヒマラヤの恩恵に出会い、気づきをもって、丁寧に生きていきましょう。

体と心を正しく使っていきます。

そうすれば歳をとるにしたがい、自分の欲望よりも相手の幸せを願う人になっていきます。

知識や智慧に富み、豊かな慈愛をもった人になります。深みのある人になり、安らぎを与える人になります。

歳をとって内側の光が黄金のように輝く人になれば、まわりに人が寄ってきます。その人にいろいろなことを聞きたくなったり、そばにいると癒やされたりする存在になるでしょう。

そんな歳のとり方をしたいものですね。

"Make Life Shine"

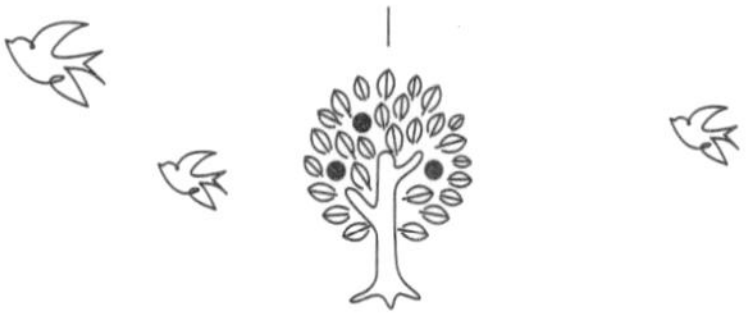

インドには
人生を4つの時期に分ける
「四住期《しじゅうき》」という
生き方のガイドがあります。

人として正しく生き、成熟するためのガイド

インドのブラフマンという司祭の階級には、古来有意義な人生の過ごし方を示した「四住期」という考えが伝わっています。これは人生を大きく4つの期間に分け、その間に何をなすべきかを象徴的に教えています。これは神とマスターへの信仰が伴った歩みです。

はじめは学生として勉強をする「学生期《がくせいき》」。常識を学び、いろいろなことを総合的に学び、正しい行為を身につけ成長をします。次に結婚や仕事をして社会体験をする「婚生期《こんせいき》」の学びがあります。子育てやクリエイティブな社会での学びです。子育ての責任を終えると、森に入って自分をみつめる「林住期《りんじゅうき》」があります。この期間は自分を浄め、内側に気づいていく修行です。さらに晩年になると、巡礼し、悟りへの道を歩む「遊行期《ゆうぎょうき》」があります。

このように自分の外側と内側について、年齢に沿って学べる教えです。人として正しく成熟するための模範を示しています。

"Make Life Shine"

エゴの欲望を封印して、
みんなが幸せになる
欲望をもちます。

助け合い、調和して平和をつくる

太陽があり、月があり、さまざまな植物があり、恵みがあります。人間にも大いなる智慧が与えられ、愛が与えられ、生命エネルギーが与えられています。

しかし、人間はその恩恵をうまく生かしきれていません。

みんなが欲望をもち、競争社会があり、仕事があり、そこで決められた数や席を得ようとし、力があるものがそれを奪って格差が生まれます。

仕事で対価を得て、セルフィッシュな欲望のみで、執着やこだわりをつくります。得たものや自分を守るために、鎧《よろい》を着ているような窮屈な生き方になりがちです。

自分だけがよければいい、そうしたエゴの欲望ではなく、みんなが幸せになる美しい欲望をもちましょう。

そして得たものを分け与えたり、みんなでシェアする智慧も学びます。そうした性質は、悟りを求める生き方で発生するのです。

もっと平等の意識をもち、互いに助け合う心をもちたいものです。

"Make Life Shine"

見返りを期待しない、
エゴレスな仕事が尊いのです。

悟りのエネルギーが自我の塊《かたまり》を消してくれる

この体と心を養うために、衣食住のために、誰もが一生懸命働いています。仕事をするということは、人生の中でも大きなウエイトを占めます。それが天職で生きがいを感じる人もいます。人の喜ぶ姿を見て、やりがいを覚える人もいます。生活のためには代価を得なければなりませんが、その一部を捧げる努力をしましょう。本当は無償の愛で自分を捧げる行為、エゴレスな行為が尊いのです。

エゴというのは心の働きであり「私が、私が」という思いです。「私がやっている」「私の成果だ」といった、自分に対する強いとらわれです。そうした思いがあると、仕事をしても他人と比較したり、人に勝とうとしたり、よけいな力が入りがちです。エゴをなくして、もてる力を発揮すればいいのです。

そのためにも、シッダーマスターを通して悟りのエネルギーをいただきましょう。そうすれば自我の塊であるエゴが消えて、目の前の仕事に集中できる環境が自然と整っていきます。

才能は見えない存在からの
贈りものです。
いただいているその力に
感謝します。

才能は過去生のカルマに影響している

スポーツや芸能、芸術など、あふれる才能を生かして活躍する人がいます。こうした人はカルマと、両親が熱心であるなど、小さいときの環境が影響しています。また、飛び抜けた才能ばかりではなく、手先の器用さや集中力といった個性と呼べるものも、小さいときの環境に関係があるように思います。

生まれながらの才能を維持、発展させるのも大変です。努力を怠れば見る影もなくなることもあります。才能があっても感謝の気持ちを忘れて「自分は天才だ。才能は実力だ」と傲慢になれば、やがてエネルギーが朽ち果てて堕落するかもしれません。

才能は見えない存在からの力があって花開くのです。自分の力でできるわけではありません。見えない力が働かせているのです。

その恩恵につねにサレンダー（おまかせ）して、感謝します。そうすれば湧き出すエネルギーを枯らすこともなく、長く才能を保つことができるでしょう。

story 2

「空」は体内の隙間、「風」は空気を運んで気を回す

5つの元素のエネルギーにはそれぞれ役割があり、それらがうまく機能することで、私たちの生命活動が維持されています。

「空」は体内の隙間です。内臓と内臓の間など、こうしたギャップがあることで、私たちは自在に体を動かせるのです。

執着が少ない人や粘着質でない人は、軽い「空」のエネルギーをもち、逆の個性をもつ人は「空」以外のほかの元素が含まれエネルギーが重くなりがちです。「風」には呼吸で体内に取り入れた空気を、全身に運ぶ役割があります。その際、プラーナと呼ばれる気のエネルギーを体中に回し、生命力を高める働きもします。

また「風」には、心の動きに反応する特徴があります。不安や恐れ、ストレスや怒りなどを感じると、それを敏感に察して、アンバランスなエネルギーとなって体内で荒れ狂います。

これらが体内の調和を乱し、体調を崩したり、メンタルに影響を与えたりします。見ることのできない体の中の宇宙では、日々、こうした科学反応のような現象が起きているのです。

"Relationship"

Part 3

縁を紡ぐことば

"Relationship"

心ではなく愛を使います。
理解を使います。

他人がいるからこそ学ぶことができる

人と人とのつながりでは、誰もが多少好き嫌いや苦手意識があります。それは過去にさまざまな体験や、親や社会からの情報があり「こういうタイプはこうである」と、思い込みで決めている場合もあると思います。

関係がギクシャクしたとき、不協和音があるときは「そうした出会いを修正する機会をいただいた」と理解しましょう。他人がいてはじめて学ぶことができます。そのことに感謝しましょう。

自分が正しく相手が悪いと思いがちですが、相手は変わらないのです。自分が気づき、自分の価値観を手放し、無心で対応していくのがいいのです。

ヒマラヤの恩恵につながると心をコントロールでき、本質からの理解と愛をもって対処できます。さらに願わくば、自分が変わるとともに、相手が本質へと向かうように真理への導きもしていきましょう。それがよりいっそう愛を強め、真理の学びを力強く進める力にもなっていきます。

"Relationship"

はじめから良縁を望むより
よき縁に育てていきます。

素直に無心で人とつき合い、敬意を払う

人生で多くの人と出会いますが、その中で「良縁」に恵まれるのは稀《まれ》なことです。よい縁を結ぶ秘訣は、素直に無心で相手と接し、尊敬をもつことです。

過去生、あるいは小さいときに誤解をしていると、否定的な思いが心を曇らせ、人に尊敬を向けることが難しいかもしれません。

しかし、シッダーマスターの高次元のエネルギーにつながれば、わだかまりの心が溶け、慈愛の人に変容できるのです。そうすれば楽に相手に尊敬をもって接したり、相手の喜ぶことができるようになるでしょう。

また、相手の幸せを願う祈願をシッダーマスターに出すとよいでしょう。相手の魂に届き、関係性がよくなるのです。

一般には相手のよいところを見たり、愛と感謝を送るといいのです。

相手への幸せを願うことで、ジャッジの心や恐れ、否定的な心が溶けていきます。そして「よき縁」となっていくでしょう。

"Relationship"
1

相手のいいところを数えて
感謝します。

パートナーとの生活のすべてを学びとして成長の糧《かて》にする

結婚はそれぞれ違った環境で育ったふたりが出会い、心を引かれ合い、そして人生をともにしていきます。しかし、一緒に住んでみると噛《か》み合わないことがいろいろあり、衝突したり許し合ったりして暮らしていきます。

和やかな夫婦の関係を保つには、相手のよいところを見つめ、尊敬することです。そうすれば調和と平和が生まれ、結婚生活のすべてを学びとしながら、ともに成長していけるでしょう。

ヒマラヤシッダー瞑想をはじめ、相手を責めていた自分を反省し、自分が変わることで関係を改善した例がたくさんあります。それはヒマラヤの恩恵で浄化が進み、マインドがはずれ、波動が変わったからでしょう。いい波動を出せば、相手からもいい波動が返ってくるのです。

夫婦になったのは、カルマが選んだことです。深い縁で結ばれた関係を大切に育むことは、ふたりの魂の進化にもつながります。

「かわいい子には旅をさせよ」。
これは親のためでもあります。

子どもは神からの預かりもの

今の時代は子どもが少ないので、親はどうしても子どもにかまいすぎる傾向があります。塾や習いごとに行かせたり、いわゆるよい学校を受験させるなど、子どもには大変な負担になっているのではないでしょうか。

子どもに学力をつけることは大切です。しかし、それが過剰になってしまうことが多いのです。もっとバランスのよい育て方がよいのではないかと思うのです。

子どもはあなたの所有物ではなく、神からお預かりした大切な存在です。エネルギーの調和が図られ、正しく心身と魂が成長できるように、愛をもって子どもとつながっていきます。

ときには、子どもを自分から離すことも大切です。神の守りのもと、旅をさせてあげましょう。それは子どもの自主性や判断力を育てる機会になるでしょう。そして親にとっても、離れたところから冷静に子どもを見ることになり、親子ゆえの甘えや依存に気づいたり、必要以上の干渉を見直す機会にもなります。

子どもを平和な人にする
ためには、
3歳までよい波動を
与え続けてください。

子どもは親の顔を見てエネルギーを受け取る

生まれたばかりの子どもは純粋な存在です。そして親の愛のもとに育てられていきます。3つぐらいになるとエゴが目覚め、いろいろな要求をしてきます。子どもにとって3歳くらいは、ひとつの転換期なのかもしれません。

幼い子どもにとって、母親は大きな影響力をもっています。お母さんの顔を見て、エネルギーを受け取っているのです。母親の表情や雰囲気から、不安なエネルギーや忙しいエネルギー、あるいはものすごく愛情深いエネルギーを敏感に感じ取っていることでしょう。

親御さんも子どもを一生懸命育てています。しかし、子どもの面倒をみることに熱心すぎて「あれをしてはいけない」「これはだめ」と行動を制限したり、それを守らない子どもを叱ったりします。その繰り返しを続けるうちに、いつか叱ることが習慣になってしまうこともあるでしょう。心配な気持ちはわかりますが、少し厳しく育てすぎているのかもしれません。

子どもを「真の成長」へ導く

お母さんのなかには、お子さんを自分の所有物のように思ってしまい、甘やかしたり、感情のまま叱ったりと、自分のエゴを押しつけている場合もあるようです。

ところが、本人はそのことに気づけないものです。子どもが単に言うことを聞かないとか、反抗をしていると思っています。イライラやジレンマで、弱いお母さんは悲しんだり、強いお母さんは怒ったり、ということが起きるかもしれません。

ある方は「いつも疲れていて、八つ当たりで子どもを叱ってしまうことが多かった」と言っていました。彼女はそんな自分を責めていましたが、瞑想に出会って「子育ては信頼と愛すること」と気づいたそうです。

子どもが3歳になるまではとくに、親はよい波動を与え続けることが大切です。調和の人になり、平和な心で子どもと接するようにします。

この時期に悪い波動ばかり感じていると、大きくなってから、反抗して家を飛び出してしまうかもしれません。あるいは親に何でも依存する大人になるかもしれません。いろいろな恐れを抱く少年や少女になる場合もあるでしょう。

ヒマラヤシッダー瞑想を行い、マスターの祝福をいただくと、今までの価値観が溶けて愛がにじみ出てきます。子どもとのほどよい距離感ができ、愛をもって自然に接することができます。

できれば子どもさんも早めにディクシャをいただくといいのです。そうすればお母さんの顔色をうかがったり、反抗したりすることもなく、伸びやかに、豊かに生きる術を身につけられます。

反抗期のお子さんが不登校になり、親子で取っ組み合いをするようなこともあったと話す方がいらっしゃいました。ところが、彼女がヒマラヤシッダー瞑想の修行をはじめると、お子さんの様子がガラリと変わり、親に「ありがとう」ということばをかけるようになりました。彼女は「自分が出しているものが還《かえ》ってきた」と理解して、つねに愛を出していくことを学び、関係性が良好になったということです。

子どもは神からの預かりものです。尊敬と無限の愛をもって接してください。そして「真の成長」へ導いてあげることが、親の最も大きな愛情です。

"Relationship"

子どもが親の介護をするのは
「奉仕するカルマ」を
もっているからです。

親の介護は神から与えられた務め

年齢を重ねていけば、いつしか自分も親も歳をとります。そこに、介護の問題がやってきます。

専門職で介護をする人は割りきれますが、親子の場合は遠慮がなかったり、感謝が足りなかったりして、お互いにエゴでイライラしたりします。子どもが年配で気力や体力がなければ、介護はへビーな問題としてのしかかってきます。

ヒマラヤシッダー瞑想をすることによって、あなたはもっと慈愛の人になり、親の介護も神が与えてくれた務めとして受け取れるようになります。親に奉仕するカルマをもって生まれてきたわけです。

そして義務ではなく、楽な気持ちで、目の前に起きることをすべて学びとして、介護をすすめられるようになります。

介護する側も大変ですが、介護を受ける側にも葛藤があります。これもめぐり合わせです。愛をもって務めをまっとうしていきます。

"Relationship"

平等心と慈愛をもって
人と出会うのがよいのです。

心を浄化して過去生からの記憶を愛で癒やす

私たちはいろいろな人に出会っていきます。そのつど相手から受けるエネルギーに、心が反応します。好き嫌いとか、この人は苦手であるとか、あるいは好感がもてるとか、感じているわけです。これは潜在意識にある過去生からの記憶が、目の前の現象とリンクして、関係のあるものが引き出されるのです。

ヒマラヤ秘教には、平等心という教えがあります。人を差別することなく、いかなる人とも同じ目線でつき合うことです。

この平等心と慈愛をもって、人と出会っていくとよいのです。心につながっていていると愛が現れません。

心には、過去生からの記憶のカルマが厚く蓄積されています。究極のサマディをなしたシッダーマスターにつながり、祝福のエネルギーで心を浄化していきます。そうすれば出会いのリアクションがジャッジや心配につながらず、よいエネルギーにつなげられます。つねに平静な心で対応できるようになります。

損得と見返りのかわりに
感謝と喜びを。

感謝しながら励む仕事は、精神統一の修行

自分だけが、頑張って損をしている、という感覚を覚える人がいるかもしれません。仕事場でも夫婦間でも、何かをして損得を考えるわけです。

心であれこれ考えていると、相手のことはわからずに自分の感覚ばかりが大きくなり「自分だけが大変」という感覚に陥ります。相手の立場に立つことができないからです。お礼のひと言などの、見返りを期待する気持ちもあるかもしれません。

職場で面倒な業務や重労働を多く割り振られ「いつも私ばかり」という気持ちで、疲れきっていた方がいらっしゃいました。その後、私のヒマラヤシッダー瞑想の伝授を受け、実践と教えで心のもち方が変わり、エネルギーが整うと、いつしか仕事への不満もなくなりました。

安心とうれしさで、感謝をもって仕事ができるようになったそうです。楽な仕事ではないようですが、感謝して喜んで行えば、素晴らしい精神統一の修行になります。これは日々仕事をすることが学びとなり、進化となる理想のモデルケースです。

自分が変わると悪縁も良縁になります。

外側のものや人を引き寄せる原因は内側にある

私たちは外側からさまざまな刺激や情報を受け取ります。うれしいことも、嫌なこともあります。ときには悲しみに暮れることもあるでしょう。こうした喜怒哀楽や出会いの縁をつくっているものは、じつは自分の内側にあります。いろいろな人やものを引き寄せる原因が、自分の心の中にあるのです。

自分が否定的なものを出すと、否定的な事柄が起きます。あるいは否定的な人が寄ってきます。そうした縁を「悪因縁」といいます。悪い縁でつながると、執着して離れられなくなったり、つねに争ったりする関係になります。

どうしたらこの悪縁を良縁に変えることができるでしょうか。心の記憶がある潜在意識は、自分の力で変えることはなかなかできません。私のところでは研修を行い、アヌグラハという神の恩寵《おんちょう》をいただきながら、潜在意識にある否定的なエネルギーを愛のエネルギーに変えていきます。調和と愛のパワーで内側の浄化と変容が進むと、おのずと悪い縁もよき縁になっていくのです。

人間関係は尊敬をもって水平を保ちます。

相手の中に神の存在を認め、平等心をもって

ヒマラヤ秘教の教えは、バランスを大切にします。

平等心をもって人に接するのです。人に媚《こ》びたり、へつらったり、偉そうに振る舞いません。相手の中に神の存在があり、かけがえのない存在であるという認識で、尊敬をもって接します。

人には比較の心があります。誰かに出会ったとき、チェックします。それは自分が優位に立てるかどうか判断するためだと思います。この人は学歴があるのかないのか、強いのか弱いのか、仕事は何をしているのかなど、相手のことを知って安心したいのです。そのうえで対話をはじめます。

しかし、たとえ相手がどんな人物であろうと、「源」から送られてきた存在であることに敬意を払い、お互いに理解し合うとよいのです。それはどちらが上でも下でもなく、フラットでスクエアな間柄です。そこから気づいて、お互いが成長をしていけるつながりをつくればいいのです。

「中庸《ちゅうよう》」にいるように
バランスをとります。

好き嫌いも損得もない、ニュートラルな状態をつくる

人は過去生と今生からの多くの欲望とこだわり、執着をもっています。今生でこの体をいただき生き続け、さまざまな体験をしました。そして傷つかないように、あるいは相手に勝つようにと、いろいろなものを取り込んで生き続けてきたのです。その体験は成功してうれしかったり、失敗して悔しい思いをしたりと、いろいろだったことでしょう。そうしたものはすべて我欲と執着になります。

ヒマラヤの恩恵は心を空っぽにし、本質に還っていく教えです。浄化が進むと、心につながらず「中庸」にいることができるようになります。

中庸とは、気持ちのうえでバランスのとれた状態です。

好き嫌いや勝ち負け、損得も貴賤《きせん》もありません。静かに中心にいることで安らぎ、エネルギーも消耗しない状態です。こうして内側のバランスが整えば、我欲や執着とは何であるかに気づき、それを手放していけます。そして、さらによいものを引き寄せる自分に変わっていくでしょう。

依存や執着、束縛のない「薄いご縁」がいいのです。

高次元からの恩恵で魂と魂が結ばれる

人と人とのつながりは、どんな形が理想でしょうか。

家庭であれば明るい家族がいいと思います。しかし、ときに関係が近すぎてわがままになったり、依存したりして、お互いのエネルギーを食べ尽くすこともあります。そうなると、家族関係そのものが執着になります。

また、相手を束縛するような「ねばならない」の間柄も息苦しいものです。義務感で行動すると疲れてしまいます。

ヒマラヤ秘教の教えは、無限の愛と智慧とパワーが出る回路を発達させます。さらに、源の存在につながることで、まわりの人たちも尊い恩恵を受けられます。それは執着を浄化し、人間関係へのこだわりを薄くします。縁が薄くなるのです。

縁が薄いとは薄情なことではありません。エゴやこだわりは消えても、高次元の存在との深く大きな愛でみんながつながります。そうすれば家族も人間関係も、物との関係も、ほどよい距離感になります。魂と魂のさわやかな関係が結ばれます。

"Relationship"

私たちはみんな神の子どもです。

みんな同じ故郷から来て、やがてそこへ還る

人は遠い昔どこから生まれてきたのか、それを探求するのがヒマラヤ秘教の教えです。

その答えを得るため、自分はいったい誰であるのかを学んでいきます。瞑想を通して体と心を浄め、源に遡《さかのぼ》る旅をしていきます。

体は歳をとって老化し、死んで土に還っていきます。この体は自分ではありません。また、心は先のことを考えたり、過去のことを考えてつねに変化しています。心はコロコロ動くものです。これが自分であるか、といえばそうではありません。

心の奥にある永遠に変化しない存在が本当の自分、魂です。そしてそれは宇宙をつくった無限の存在の分身でもあるのです。

それがわかると、人間はみな同じなのだ、ということも理解できます。私たちは同じところから来て、やがてそこへ還る、故郷を同じくする身内同士です。兄弟姉妹なのです。

みんなが魂をもち合わせている

世界を見ると紛争が絶えません。国の違い、民族や人種の違い、宗教の違いなどで諍《いさか》いが起きています。多様性を認め、差別をなくして共生しなくてはなりません。人間の出どころはみんな同じなのですから。

ある会社員の女性は、仕事で接する人を否定的に判断していたそうです。ところが、ヒマラヤシッダー瞑想の実践と教えによって、誰もが神から生まれ、魂をもった存在であると知り、敬意と誠意をもって人と接することができるようになったといいます。

自分の中にも相手の中にも神がいて、ともに神の力によって生かされています。ですから争ったり、奪い合うのではなく、与え合い、信頼して慈愛を送るほうが自然なのです。人類はみな家族なのですから。それを世界中の人たちが本当に理解できたとき、調和のとれた平和な世の中になることでしょう。

52歳の男性は私と出会って魂を信じるようになってから、みんなが魂をもち合わせた尊い存在として、慈しみの心を抱くようになりました。また、多くの人が経験や知識からの価値観を信じて頑張っていることがわかり、他人との違いを理解し、相手を受け入れられるようになったそうです。それまでのように言い争ったりせず、平和で和やかな人間関係が築けるようになった、と体験を述べていました。

瞑想を実践することで心が浄化され、それまでの価値観が消えて平和な心、愛の心に切り替わるのです。

人は日々ストレスを溜めていき、心身を曇らせる生き方をしています。心を使う生き方は比較したり、恐れたり、悲しんだり、苦しみが次々に発生します。

ヒマラヤ秘教の実践は心を愛に変え、心を理解に変え、心を平和にして、純粋にしてさらには心を超えて、魂と一体になって悟っていく教えです。

もう相手の言動に一喜一憂するのはやめましょう。相手の中の神を拝む気持ちでおつき合いすれば、最良の人間関係が開けていきます。

他人は自分を映す鏡です。

感謝と慈愛の波長を出せば、平和な人が寄ってくる

私たち誰もが発している波長は、似たもの同士で引きつけ合います。こちらが出した波長に対して、リアクションし、同調する人に出会いやすいのです。

自分がよいと思った人に対してはよい反応が返り、自分が苦手と思うと相手もこちらを苦手に思っています。こちらが出した波長と同じ質の波長が返ってくるのです。それはあたかも鏡があって、そこに自分の顔や姿が映し出されるように、同じものがそっくり相手からも引き出されて返ってきます。

心はセンサーにつながっています。他人の波長を受けてセンサーが赤くなったり青くなったり、コロコロと反応を変えるのではなく、心を離れて意識を覚醒させていきます。

そして、心を純粋にして慈愛のリアクションになるよう修行していきます。

不動の心の人になれば、よりよい人間関係をつくれます。そして感謝を出し、慈愛の波長を出していけば、同質の平和な人がまわりに集まってくるのです。

story 3

「火」は消化を助け、「水」はめぐって潤いを与える

「火」のエネルギーの役割は、私たちが食べたものを体内で燃やし、消化や新陳代謝などを行うことです。人が生命を維持していくのに、欠かせない働きをしています。

また「火」は行動のエネルギーであり、変容のエネルギーでもあります。物が燃えるとやがて灰になり、消えてしまいます。これは物が違う次元のものになる、つまり変容するからです。「火」にはこうした強力なパワーがあります。

「水」は、私たちの体液や血液です。全身をめぐって潤いや柔らかさを与え、慈愛の心を育みます。

その半面、何かのはずみで激しい感情にかられると、「水」のエネルギーが心の中を波立たせます。感情のわずかな動きを具現化するのです。「水」はこのように、感情を司《つかさど》る働きもあり、感情表現が豊かなアーティストは、いろいろな要素が「水」のエネルギーに混ざっているようです。「土」は肉体そのもの、体を構成するエネルギーです。アスリートはこの要素が非常に発達しています。

"From Himalayan"

Part 4 ヒマラヤのことば

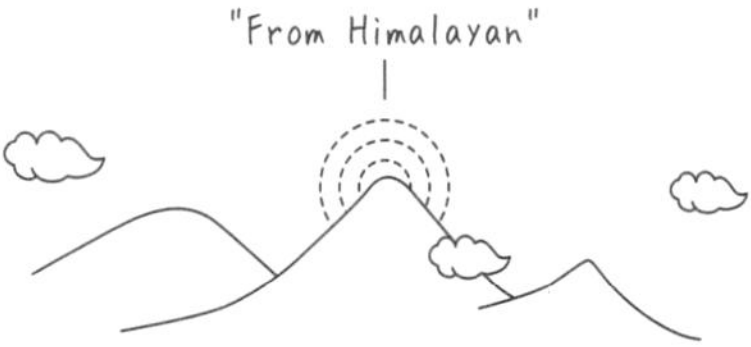

自分の奥深くにある
本当の自分を愛します。

人は誰でも神性をもっている

あなたはいったい何のために生まれてきたのか。

何をすべきなのか。

自分はいったい誰なのか。それを知っていく必要があります。

あなたの体と心を生かしめている存在があります。その働きがないと、体も心も動きません。それはあなたの奥深くにある、クリエイティブな力をもつ存在です。

それこそが「本当の自分」なのです。それを「魂」といいます。

魂は「永遠の存在」からわかれたものです。永遠の存在を、人は神といいます。

つまり、あなたの中には「神の分身」が宿っているのです。人には平等に神性が与えられています。本来、人はそこにつながらなければならないのです。本当の自分を愛することで、尊いエネルギーがあなたに注がれます。

それをしっかりと実践して、体験していくのが究極のサマディへの道です。究極の悟りへの道です。それがヒマラヤ秘教の教えなのです。

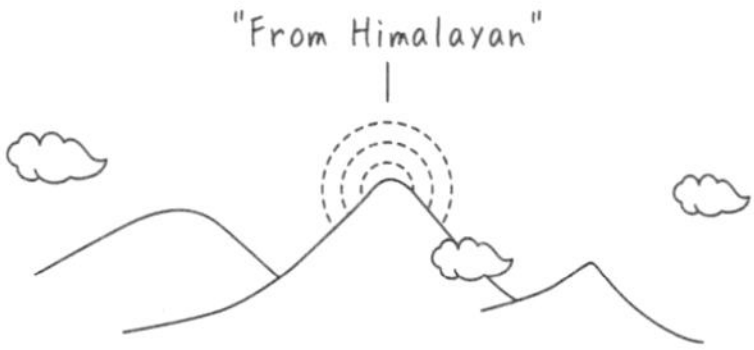

「魂が喜んでいるか」が
行動の基準になります。
自己満足や損得ではありません。

自分の中心をもち、愛のある行いをする

あなたが生まれてきた理由、つまり、その使命はあなただけのものです。人それぞれに役割が違います。他人と比較しないように、あなたの中心にいましょう。人目を気にしません。そして、いい人を演じたり、虚勢を張ったりするのをやめましょう。

あなたの心が疲弊しています。自分に誠実になります。

あなたが美しく安定して見えるのは、自己防衛をやめたときなのです。

神に委ねます。そうすれば何も心配せずに、あなたらしくなれるのです。

自分を責めず、人も責めません。自分のことより、魂の願いを生きるのです。

エゴが喜ぶ動機ではなく「他人も喜ぶことか?」を魂に問いかけるのです。そうすれば自分に正直に、しかし、謙虚に慈愛をもって生きることができるでしょう。

あなたが最も美しい人になるには、エゴをなくし、人を生かす生き方、悟りへの道を進むのです。

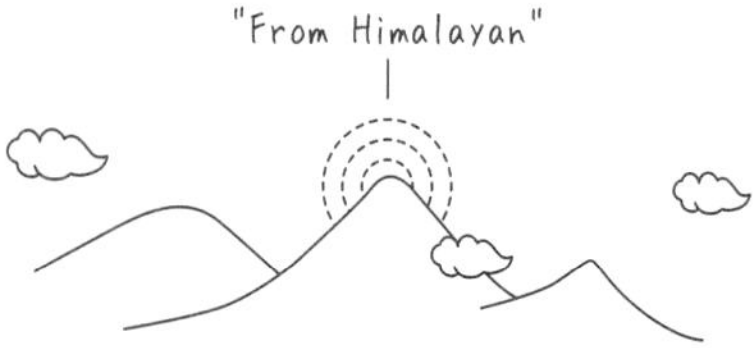

大自然から真理を学びます。

真理を求める旅へ

私は若い頃に健康を害し、顔に吹き出物が出たことがきっかけで自然食や体を整えるヨガ、あるいは断食などに興味をもちました。なかでもヨガは体を動かしてバランスをとり、さらに精神を統一するということで、その魅力にとりつかれていきました。

20代の後半、ヨガを教えるようになってさらに研究を進め、インド中のヨガ道場を訪ねて学びました。今から50年ほど前、まだ日本では誰もヨガを知らない時代です。その後も研鑽《けんさん》を積んで、心と体のことを追究していきました。

さらにヒマラヤ聖者に運よく出会うことができ、ヒマラヤに招かれました。そして心と体、魂を浄めるご縁をいただき、そこから私の真理を知っていく旅がはじまったのです。

ヒマラヤは秘境といわれる大自然の中です。天を衝《つ》くダイナミックな山々があり、その雪解けの水は聖なるガンジス川に注がれます。

この空気の澄んだ純粋な場所では、多くのヒマラヤ聖者が瞑想し、究極のサマディ（悟り）に入っています。私はその聖地にとどまり、何もない、空気も薄いところで修行をしたのです。

そして、人間の体は宇宙や地球と同じ材料でできた「小宇宙」であることを体感しました。人間の中に山があり、川があり、青い空があります。太陽も月もあります。研ぎ澄まされた世界の中で、さまざまなことを大自然から学びます。そして自分が自然になっていきます。

今は世界中の、そして自分の不調和をリセットするとき

太陽があり月があり、大自然のエネルギーが私たちを潤しています。

太陽の光を受けて、地球上のさまざまな生物が育ち、増殖します。そして成長、成熟して、やがて死を迎えるでしょう。しかし、また新たな生命が生まれ、DNAの情報は次世代へと伝えられていきます。

そこに、連綿として働く宇宙の根源のパワーがあります。

大自然の中に、宇宙のすべてを創り出す神がいます。その神につながり、祈りを行い、浄化のために瞑想を行うことで、神の願いを実現していくことができるのです。自然の力が自然に働くように調和を学びます。

世界中で不調和が生まれています。

人間だけが心を与えられ、高度に進化してきました。神のような力を与えられて、素晴らしい文化を築き上げ、便利な世の中になりました。

しかし、そこに依存しすぎた結果、エネルギーを消耗し、たくさんのゴミで自然を破壊し、人の心さえも不自然になりました。生命エネルギーや愛の力もどんどん弱くなっています。

今身のまわりにあるものは「本当に必要なのか、そこに依存しすぎていないか」。そうした気づきをもって、ここで一度、自分をしっかりリセットしていく必要があるのではないでしょうか。今がその時です。

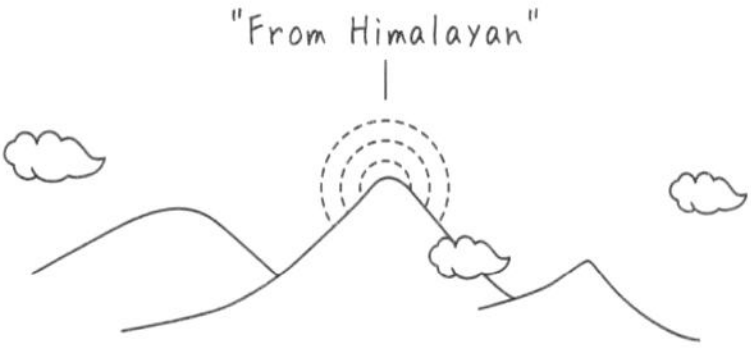

満月には心も体も満ち、
そして愛も満ちます。

心の働きは月の満ち欠けに影響されている

この体と心と魂は小宇宙です。そこには太陽があり、月もあります。

昼は太陽の「陽のエネルギー」が影響して活動的になります。夜、日が落ちると月の「陰のエネルギー」が、心の働きに影響を及ぼします。深い潜在意識の中にある心の記憶は、月のエネルギーによって活性化します。月の満ち欠けによって心が働き、満月には内側のエネルギーが活発になります。満月のときほど感謝と平和の心をもって、愛を出して、バランスをはかります。心の働きが現象化していくからです。交感神経が鎮まったとき、副交感神経の働きが強くなるのです。

天災や地震など異変のときに否定的な心が同調すると、さらに危険になります。日頃からヒマラヤ聖者のディクシャをいただいて、異変への守りをいただくことが大切です。

私たちは自然の子です。人は例外なく宇宙の影響を受けています。ディクシャは、その自然の異変の影響を超えるのです。

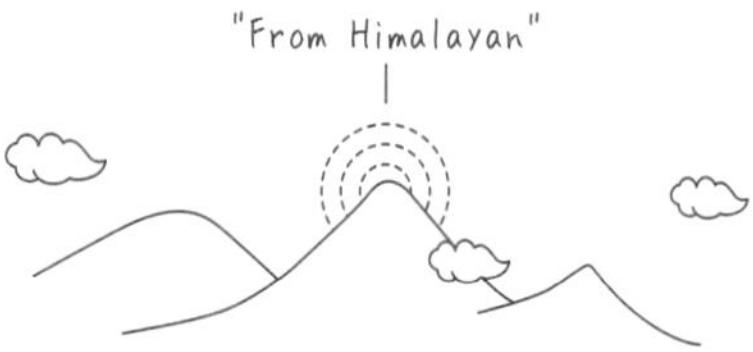

源の存在は、
究極のパワースポットです。

源の存在につながり高次元のパワーをいただく

地球にはパワフルなエリア、パワースポットがあるといわれています。樹齢を重ねた巨木にもパワーがあると考えられます。神社もみんなが祈る場所なので、清らかなパワースポットになるでしょう。

インドでは、究極のサマディに達し、神我一如になったヒマラヤ聖者を究極のパワースポットとして崇めます。そのパワーをいただくため、家にお招きしたり、聖者の元にダルシャンという謁見《えっけん》（参拝）に来て、パワーの祝福をいただき幸福になるのです。足にタッチしたり、頭を垂れて祝福をいただいたり、胸に手をあてて聖者の愛をいただきます。全身で祝福をいただいて、瞬時に幸せになれるのです。

今、あなたは日本でヒマラヤの恩恵につながり、自分を愛し、まわりへも愛を差し出していきます。そうした生き方を習慣にすれば、ヒマラヤ聖者のサマディパワーを通して、究極のパワースポットである源の存在からの愛とエネルギーが祝福として24時間あなたに届けられます。

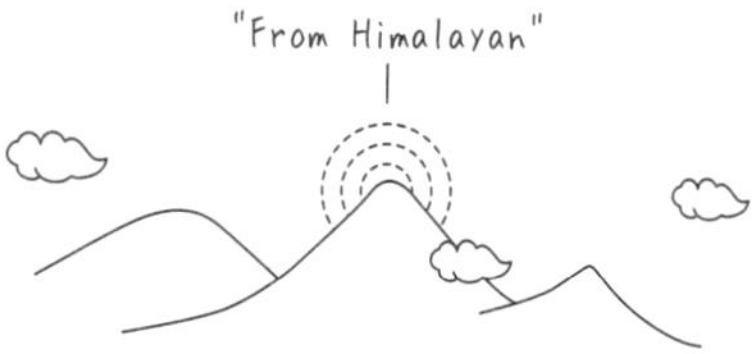

自分に自信をもつことです。
信じる力は
とてもパワフルです。

自分のすることに批判ではなく信頼を

現代は競争社会なので、他人と比べて自分が何かできないと、引け目を感じたり、恥ずかしがったり、自分を責めたりします。力のないことを嘆きます。

しかし、落ち込む必要はないのです。ほとんどの人は能力があるのですが、否定的な心に生命エネルギーが使われ、本来の力を消耗してしまうのです。「自信がない」「失敗したらどうしよう」、不安や恐れが物事に向かう力を半減させてしまいます。自分を信じなければなりません。信じる力はパワフルです。

同時に、自分がうまくできない現実を、あるがままに受け入れます。自分のやることをひとつひとつジャッジ（批判）していては、ブレーキを踏みながら進むようなものです。「下手も未熟もまた自分」と割りきり、あとは自分を信頼するのです。

ヒマラヤシッダーマスターにつながることで、無条件にあなたは愛され、パワーをいただくことができます。そのパワーを呼び水として、あなたは勇気をいただき、力をいただき、あなたの立ち向かうことを成就することができます。

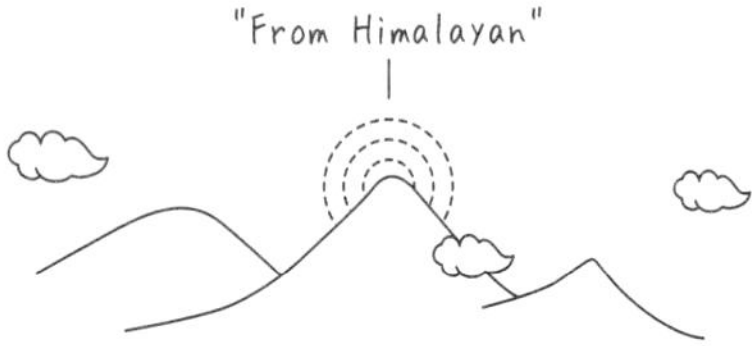

自分を信じて
自分自身を愛してください。

ヒマラヤ聖者の信じるものは永遠の存在

私たちは何を信じて生きているのでしょうか。自分の心でしょうか。自分の価値観でしょうか。

心は次から次へと変わっていきます。外側の刺激に反応して、さまざまなことを感じ、うつろいやすいのです。価値観も変わることがあり、あまり信用できません。

いったい何を信じればいいのでしょうか。

すべてを生み出す宇宙の源、不滅の存在をヒマラヤ聖者は信じます。愛を生み出し、智慧を生み出す、創造のエネルギーの源です。その高次元の存在に、魂はつながっています。それを発見したのがヒマラヤ聖者です。

しかし、不滅の存在は見えません。そこでヒマラヤ聖者が橋となり、あなたを宇宙の源につなげます。神を愛します。マスターを愛します。そして同じように神の分身である自分を信じ、愛してください。そうすれば高次元の存在のエネルギーが祝福となって流れ、あなたは浄められ、魂が引き上げられ幸せになれるのです。

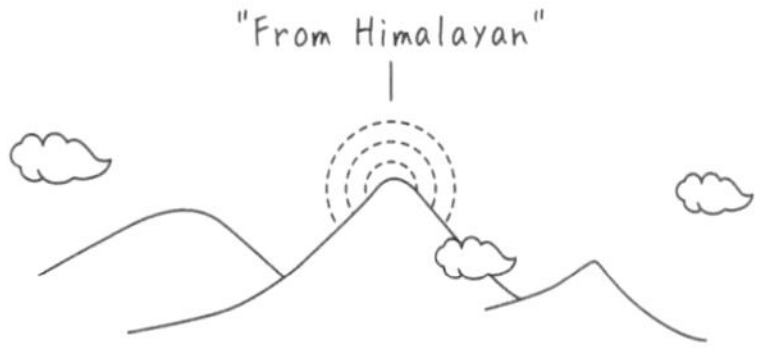

ヒマラヤの教えは
宇宙を創り出した
「創造の源」を信じることから
はじまりました。

5000年の時を超えて真理を求め伝え継ぐ教え

ヒマラヤ秘教は今から5000年以上前、インドで生まれました。ヒマラヤで修行した聖者が、宇宙のすべてを創造した存在に出会いたい、という願いからはじまったものです。

ヒマラヤの大聖者たちは、人の体の中に宇宙のすべてがあることを発見しました。その小宇宙の根源には「本当の自分」があり、心身を浄化し、意識を進化させてそこへ達することで、サマディという究極の悟りに至ることを見つけたのです。

サマディとは本当の自分、つまり神と一体になることです。そしてサマディの智慧は科学的な真理の発見でもあります。それは聖者たちによって口伝《くでん》され、やがてインド哲学のヴェーダとなっていきました。

現在、その教えを直接届けられるのは、私の兄弟弟子のパイロットババジと私のふたりだけです。私たちは日本だけでなく、世界中のみなさんにフェイスフゥフェイスでヒマラヤの教えを説き、真理の道案内をしています。

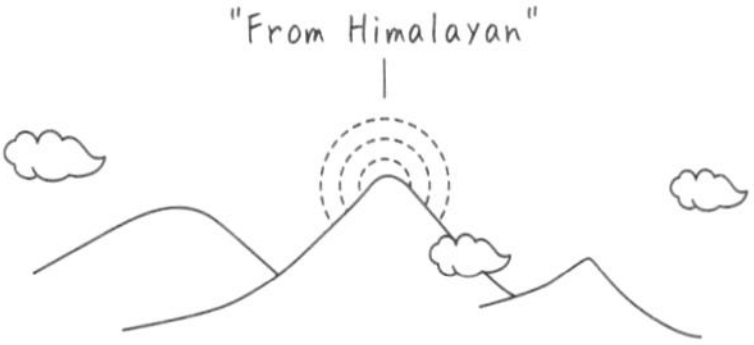

聖なる音の波動は
過去のカルマを浄化します。
あなたを純粋な人にします。

高次元の波動、マントラ

マントラ、それは聖なる音の波動です。神の波動です。仏教では真言《しんごん》といいます。その波動は原子力のような力をもち、マントラを唱えることでカルマが浄まり、純粋な存在になっていきます。お守りのように、ふりかかる災いを防いでくれます。

私たちの中には、いろいろなエネルギーのセンターがあります。学問の智慧が開かれるセンター、愛を開くセンター、成功をもたらすセンターなどです。こうしたセンターをそれぞれに各種マントラで活性化して、目的や願いを成就させます。

マントラはディクシャという伝授式でいただきます。シッダーマスターの高次元のエネルギーによって心身が浄め、整えられたところに、波動の種を植えるのです。

小さな種子が聖なる木に育つように、いただいたマントラの波動で心身を浄め、さらにエネルギーのセンターを浄めます。マントラはあなたを生かしめる力があります。意識の進化のためのマントラ、役割に合わせた上級のマントラのほか、さらに悟りのマントラへと段階を追って伝授されます。

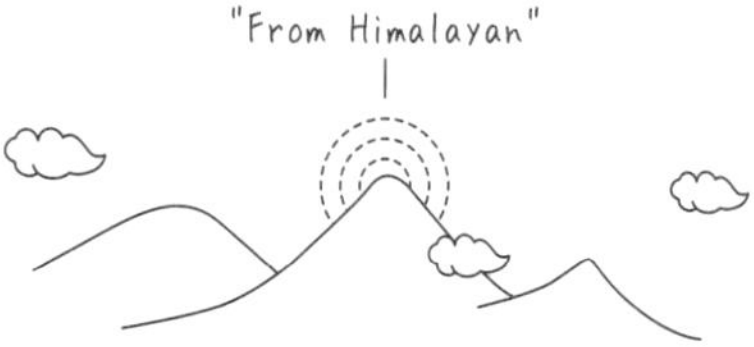

ヒマラヤの恩恵は
あなたの魂を開きます。

眠った魂が覚醒すると「進化」と「深化」がはじまる

人は自分を心と体だと思い込み、変化する心と体に振り回されています。

しかし、私たちの深いところには、変化しない存在があります。それは心に蓄積された厚いカルマに覆われて眠っている魂です。源の存在の分身です。

多くの人は自分の外側ばかりに意識を向け、内側のことは無関心になりがちです。自分の中に魂が宿ることさえ、気づかずに生きてきました。その休眠状態にある魂を目覚めさせていくのがヒマラヤの恩恵です。

心や体の変化するエネルギーを愛の方向へ変化させ、智慧の方向に変化させて見つめます。この変化をもたらす高次元の力によって、悪いものはどんどん落とされ、純粋なものが目覚めていきます。魂の扉が開かれます。それは魂の開眼ともいえます。そして新たな旅のスタートが切られます。

目覚めた魂とともにさらに「進化」していけば、すべてがわかる人になっていきます。永遠の存在からの深い叡智《えいち》と愛が、あなたをますます「深化」させます。

神にクリックしましょう。

心の働きにクリックしていると消耗してしまう

私たちはコンピュータのような機能をもっています。「何かを思う」ということは、スイッチを入れることです。あるいはクリックすることです。「いいね！」という感じも「嫌だな」と思うことも、クリックしているのと同じです。思いは連綿と続いてクリックをし続けていることになります。この心のクリックをやめるのです。そして、無心にクリックします。すると心が休まるのです。

神様にクリックすると、神の力を引き出すことができるのでしょうか。神はそこら中に存在し、自分の源にも存在するのです。しかし、それは心の曇りに覆われて見えないのです。神を思っても、心の曇りからのレベルの思い込みではパワーは来ません。神を知ったシッダーマスターがディクシャで橋となり、あなたを神につなげます。シッダーマスターを思うクリックは、神にクリックすることと同じです。神から永遠のパワーと愛と生きる力の祝福をいただくことができるのです。また、マントラを思うこともクリックとなり、神の力をいただくことになるのです。

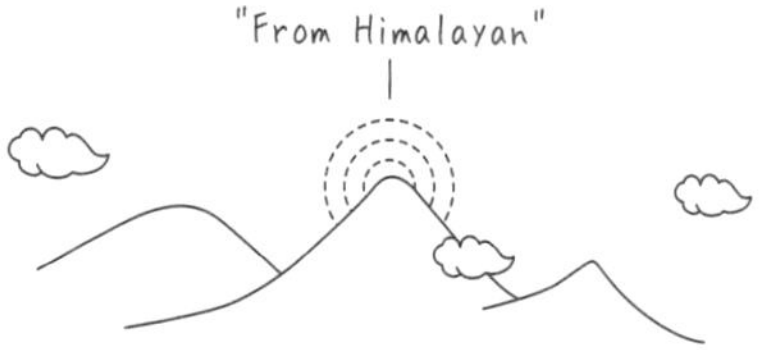

ヒマラヤの恩恵につながると
消耗や無駄がありません。
つねにエネルギーが充電されて
パワフルです。

カルマを浄化すれば心が空っぽになる

私たちの頭をコンピュータに例えてみます。コンピュータが動くのには電力が必要です。電源コードをつなぐか、バッテリーがないと動きません。

電源を入れると、頭と同時に心が働きだして消耗がはじまります。ただし、電源コードがつながっていれば、同時に充電もされます。このとき、心の働きをストップさせてしまえば、消耗はなくなり、エネルギーの充電だけが行われます。

心の働きをいかにストップさせるかが、ヒマラヤ秘教の実践の教えです。

心の記憶が私たちを欲望の方向に引っ張り、そして心が動き、体が動いていきます。心を静めていると、やがて心の働きが止《や》みます。しかし、潜在意識にはさまざまな記憶があり、刺激を受けるとまた活性化します。

ヒマラヤの恩恵につながり、強靭《きょうじん》なコードで高次元のエネルギーをいただきましょう。カルマが最速で浄化でき、潜在意識も心が平和になって、生命力が満ちてきます。

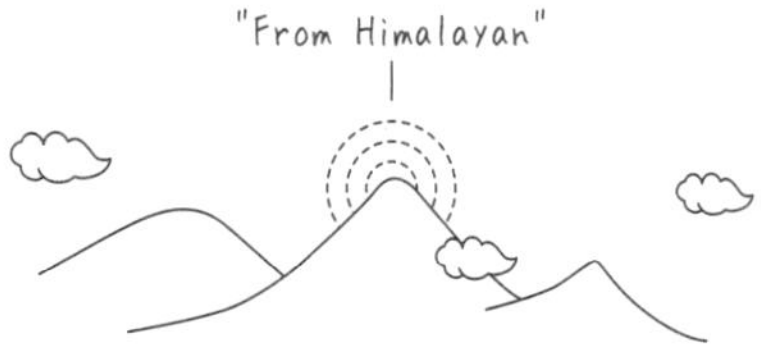

私たちの心の奥深いところには
静寂があります。
そこには愛があり智慧があり、
平和があります。

ヒマラヤの瞑想で浄化され、平和な心になる

波立つ海も海底は静かなように、私たちの心も表面はつねに活動的ですが、深いところには静寂があります。

目や耳から入ってくる刺激を受けて、心があれこれ働きます。物を欲しいと思ったり、楽しいことも、あるいは何かを失って悲しんでいることもあるでしょう。こうした心の働きを止めるには、自分の内側へ意識を向けます。心に翻弄されることなく意識を進化させていくことで、平和な心を体験していくことができるのです。

それをつくり出していくのが瞑想の秘法です。それは内側を整理整頓して、不要なものを溶かし、あるいは排除して、心安らかな状態をつくり出していきます。

濁った泥水を静かに放置しておくと、やがて泥が沈殿して水は透明になります。この透明な水こそが平和な心です。容器の底には怒りや悲しみなど、不要になった思いが蓄積されるわけですが、それもヒマラヤ瞑想は変容させてなくします。ヒマラヤの瞑想は心を深く浄化し、あなたを愛と智慧に満ちた世界へ導きます。

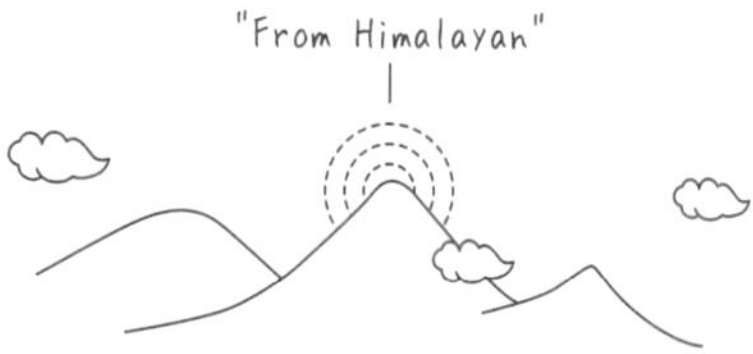

8つのステップを踏んで
悟りを開き、
「神とひとつになっていく」のが
真のヨガです。

ヨガとはすべてが調和で結ばれ、バランスのとれた状態

ヨガとは本来「結ぶ」という意味です。ヒマラヤ秘教は心身を整え、究極の悟りをめざす実践の教えです。マスターのガイドで進む真のヨガです。

一般にヨガというと、いろいろなポーズをとるアーサナなど健康法を指しますが、ヨガ修行の本質は「真理を悟ること」です。ヒマラヤ秘教はヨガの源流です。悟りのマスターの高次元のエネルギーの祝福とガイドで成り立ちます。8つの正しい法のステップを実践します。

段階を追ってまず、ヤマニヤマという、心の規律と正しい生活で浄めます。次にアーサナという体の動きで整えて、さらにプラーナヤマではクリヤ秘法という呼吸法でカルマを焼きます。そして、心に尊い存在に向けて精神を統一をし、次にヒマラヤ瞑想と祈りを最初から段階的に伝授して安全に進めます。最後はサマディ（悟りの境地で神と一体になる）に向かいます。ヒマラヤ秘教はサマディの智慧とパワーをシェアして、最速で深い調和を起こします。

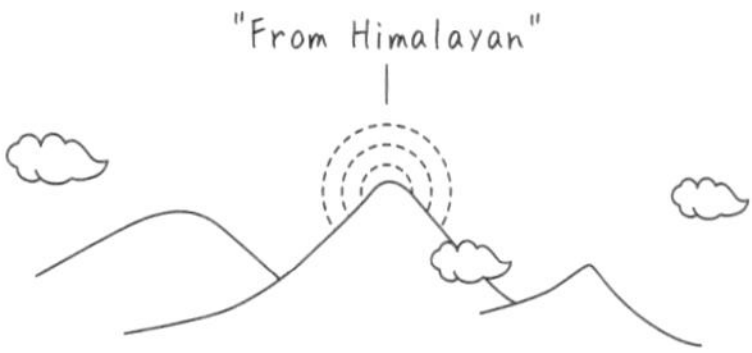

死とは
身にまとっている衣を脱いで
新しく旅立つことです。

今生で使命を果たしたら、古くなった肉体はお返しする

人は生まれて生き続け、やがて老いて、いつかは死ぬ存在です。

死とは体が機能しなくなり、寿命がきて、そして魂が抜け出る状態です。それはあたかも着物を脱いで旅立つようなものです。借りものの肉体は神にお返しします。

私たちが自分の死を恐れるのは、「自分はずっと生き続ける」と思い込んでいるからです。肉体が生き続ける、それを否定するのが怖いのでしょう。

しかし、心と体は自分ではなく、本当の自分とは、心と体を超えたところにある源の存在です。それはあなたの心と体に、生命エネルギーを与え、その力がないと指一本動かないのです。これは私たちが「生きている」のではなく「生かされている」ことを教えてくれます。「自分の力で生き続ける」と思うことは少し傲慢でしょう。そこに気づくだけでも、死への見方が変わり、自分の死を自然なものとして受け入れます。ヒマラヤの教えは、そうした心を超えた本当の自分を知っていく、真理を知っていく学びなのです。

私たちの体は魂の社《やしろ》です。
神の分身を護《まも》っています。

与えられた体を大切に、正しく使う

私たちには体があり、その中に心があり、さらに魂があります。体はだんだんと老化し、やがて役割を終えるときを迎えます。魂は永遠の存在で、何生も生き続け、あなたに生きる力を与えています。

魂は源の存在からわかれ、送られてきました。いわば神の分身です。ですからこの体は神をいただく「社」になります。ところが魂を包む体と心がストレスで曇っていては、魂の力が引き出されません。

ヒマラヤの教えの実践によって心身を浄め、正しく使います。永遠の存在、魂との絆を強め、魂の願いを生きるのです。

人々が助け合い、調和をもたらして生きていきます。

宇宙と地球の調和をはかり、命をみんなが正しい方向に使っていくのです。そして真理を輝かせ、あなたは真理に出会っていくのです。

「源に還《かえ》る」ことだけに
没頭します。

精神を統一できる正しいものに目を向ける

心は磁石のような性質です。物や人を引きつけ、吸い寄せ、いろいろなものとつながっていきます。そのつながりが強いものであれば、その回路がどんどん広がって、さらに枝葉が伸びていきます。朝から晩まで「これをやらなければならない」「あの人に会わなければならない」と振り回されるのです。

人は心に生きているとき、楽しいときもあれば苦しいこともあります。喜怒哀楽です。これが人生だと感じていると思います。しかし、実際は心に翻弄されているだけなのです。どうしてこうなったのか、今立ち止まり、精神を統一できるものに目を向けることです。

ヒマラヤ秘教の教えは「源に還る」ということです。それはすべての執着を捨てて、そこに還ることだけに没頭するのです。途中いろいろな執着からの誘惑もありますが、シッダーマスターの案内でそれを振り払って源への旅を続けます。そしてその先には、あなたが最高の人間に進化する未来が開けているのです。

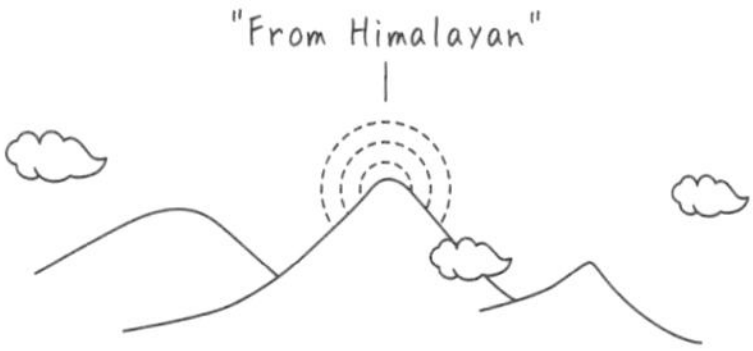

自分を差し出し、
愛も差し出し、
人に与えることができると
人生は豊かになります。

ヒマラヤの恩恵につながり、「魅力」を磨く

実りある、豊かな人生を歩むには「人間力」が大切になります。

それはつねに自分を差し出し、人に無償の愛を捧げることができることです。

人間力の高い人は誰からも愛され、そのまわりには自然と人が集います。

そんな人になるには、できれば若いうちからカルマを浄化し、行いを正してよいカルマを積むことです。ヒマラヤの恩恵で神聖さを目覚めさせ、功徳《くどく》を積んで、人としての深みや魅力を身につける準備をしたほうがいいのです。

カルマの法則（↓48ページ）を知らずに、ただカルマを積むだけの生き方をしていくと、晩年になって人を困らせたり、危害を加えるような人になることもあります。年齢を重ねるにつれ、それまで抑えていた理性のタガがもろくなり、はずれてしまうからです。

人は死ぬときにはこの体さえもっていかれないのです。いつも与える気持ち、感謝する心をもち、愛の人になります。人間力を養い、輝く人生を歩みましょう。

真理の調和と
社会の調和をはかりながら、
よいカルマを積みます。

自分のカルマを信じて正しい行為を捧げる

「カルマを信じる」という、正しく生きるための尊い教えがあります。「よいカルマを積めば、よい結果が出る」ということを信じて、よい行為をしながら生きることです。よい行いとは、自分のためでなく他を生かす、無償の愛の行為です。

ただし、ここで注意したいのは、自分が正しい行為と思っても、他人からはそう見えない場合もあるということです。たとえば「……ねばならない」という気持ちで善行にこだわれば、そこにエゴの要素が入って、相手の立場を考えない行いになるかもしれません。おせっかい、ゴリ押しになる場合もあるかもしれません。よい行為だからみんなが理解してくれるとは限らないわけです。

よい行いを差し出すときも、この場にあって何が正しいのか、調和をはかっていかなければなりません。真理の調和を押し通すと、反発を受けることもあるでしょう。そこに社会の調和も必要なのです。ふたつの調和をうまくコントロールしながら、自分のカルマを信じてよい行為をしていきます。

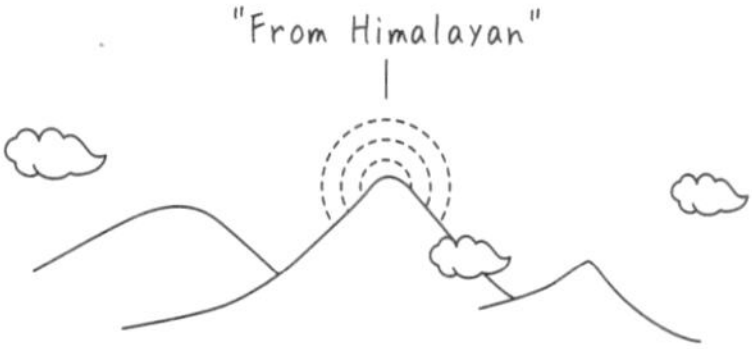

「身・口・意」を正して よいカルマを積みます。

意識して「体、口、思い」の行為を正しいものに

カルマは行為です。

行為の結果が心に刻まれ、それが原因となってカルマの連鎖が運命を翻弄します。そのからくりに目覚めないとカルマが繰り返され、苦しみの中に生きるのです。カルマが浄化されないと、いつまでも神のもとに還れません。

カルマには体の行為、口の行為、思いの行為があります。

体を使った暴力などで人を傷つけません。暴力の反対は愛です。愛を出し、愛行をします。人を助けます。

口の行為は、言葉によって人を傷つけないようにします。思いやりのある言葉で勇気づけましょう。

そしてよい思いをもちます。

「あの人は嫌いだ」と、否定的な思いを抱きません。マイナスの想念は表情や態度に表れるだけではなく、まわりの環境を汚してしまうからです。つねによい思いで、

みんなの幸せを祈ります。

あなたは、よい行為をしていくと決意します。

あなたのカルマを信じることで、運命を変えていきましょう。

いつも気づきをもって、体と口と心を正し、よいカルマを積んでいきます。それがあなたの人生、運命を変え、よりよい生き方になっていくのです。

人生でつくり上げる「自分」という作品を素晴らしいものにする

私たちは人生を生きることで、自分という作品をつくっています。

そして自分の行為を変えることで、あなたはより素晴らしい作品をつくることができるわけです。よいカルマを積むということ、それを意識して行為をしていかなければならないのです。

ある女性からいただいた報告です。

47歳になる彼女は、今まで自分の力で何でもやろうとシャカリキになって生きてきて、つねに人に対してジャッジを繰り返していたそうです。感謝しているといっても自分勝手なものだったとか。

　ところがシッダーマスターに出会い、ヒマラヤのパワーにつながると、愛をもって相手に感謝することができるようになりました。今は、「昔は雑に生きていたな」という感覚があるそうです。


　この社会を見ていると、一般には、やりたいことをやったり、自分の利益になることだけを追求したりしています。相手にどう思われようが関係なし、あるいは表面的な体裁で笑顔を見せたり、美しい言葉づかいをしたりしているかもしれません。見返りを期待する気持ちや、取り繕う気持ちでやっていることも多いのです。

　そうではなく、心の底から相手の幸せを願い、同時に自分がしっかり正しいカルマを積んで、世の中のためになり、最高の人間に成長していくという強い意志が必要です。そこではじめて、進化するための「身・口・意」を正していくことができるのです。それは単なる体裁でなく、心身を浄め、源への旅をし、悟りの道を歩んでいることになります。

エネルギーの基地「チャクラ」

５つの元素も含め、私たちは多くのエネルギーによって生かされています。そのエネルギーにはチャクラと呼ばれるセンター（基地）があります。

なかでも重要なものは７つあるとされていますが、そのうちの５つが、体を構成するエネルギーのチャクラです。

「空」のエネルギーのチャクラは「ヴィシュッダ・チャクラ」です。喉の部分にあり、社交的な能力に関連しています。ここを浄めると、コミュニケーション能力が発揮され、信頼も集まります。

「風」のエネルギーのセンターは、胸にある「アナハタ・チャクラ」です。ここは愛のセンターとも呼ばれ、思いやりや慈悲に関わっています。ここを浄めると愛の人になります。

ここでいう「浄める」とは、ヒマラヤ秘教のシッダーマスターによる祝福でチャクラが開かれ、浄化されることです。普通、どのチャクラにも多くのカルマがあり、それが濁りとなって運命を翻弄しています。そのカルマを浄めることで、理想的な人になっていきます。

"Praying"

Part 5

祈りのことば

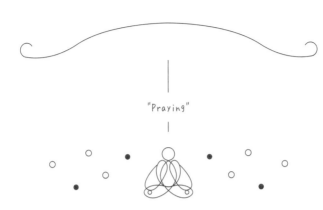

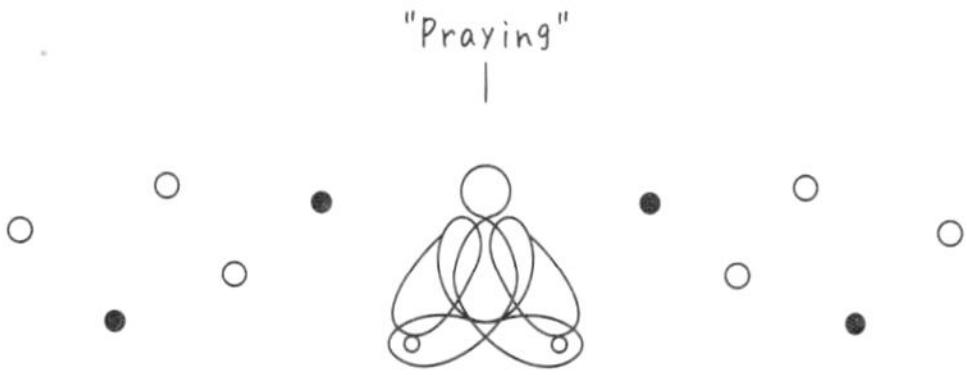

一日10分の瞑想の時間よりも、残りの23時間50分が大切です。

相乗効果で内面を浄化する

私は瞑想をはじめたばかりの方へ「瞑想以外の自分の時間を、人を真に幸せにすることに捧げてください」とお伝えしています。それがエゴをとり、執着をつくらず、過去の執着をはずしてカルマを浄化するからです。善行は行動の瞑想であり、実際の瞑想を質のよいものにしていきます。

修行はシッダーマスターの伝授とガイドによって行いますが、瞑想の間だけは集中して、あとは無頓着で気ままに過ごしがちということもあります。

瞑想以外の時間をどんな思いや行動で過ごすか、もし一日に朝夕10分瞑想をしたら、残りの23時間50分がとても大切になると思います。心の姿勢があなたという作品をつくるからです。

エゴを落とす生き方を心がければ、瞑想がよりよいものになります。

ヒマラヤの瞑想のいい波動に一日中包まれて、何かに守られ、満たされた思いで過ごすことができます。

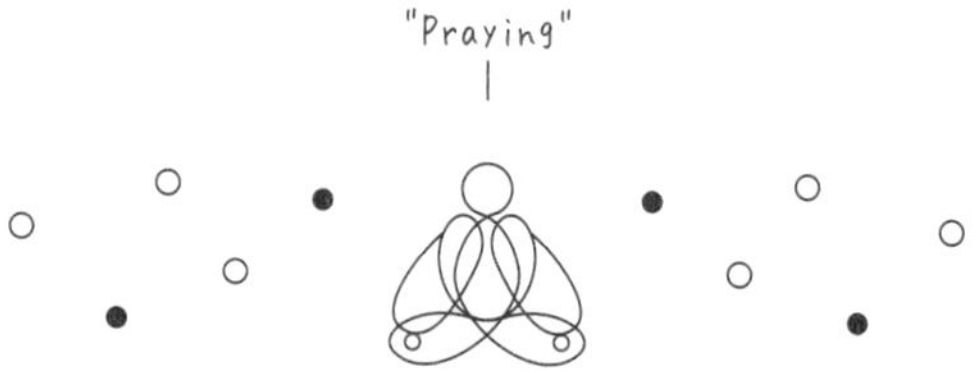

純粋な魂から祈り続ければ、
その思いは成就します。

祈りの言葉には大きなパワーがある

神社へお参りに行ったり、仏壇に手を合わせたり、あなたは普段の生活の中で「祈る」という行為をどれくらいしているでしょうか。

私のところでは、悟りのマスターにつながり、またマスターからの真理の言葉を祈る実践をしています。シッダーマスターの祈りは、特別な効果があります。祈りを続けていくと、正しい心やよい行為につながっていきます。

心を浄め、正しく使っていくために、祈ることは大切なことなのです。

「仕事がはかどりますように」「今日はイライラしませんように」など、前向きなものであれば、個人的な祈りでもいいでしょう。心の底からの思いを言葉にします。

祈るだけでは願いや夢は叶わない、そう思う人が多いかもしれません。たしかに、エゴがあると効き目が現れません。その点、シッダーマスターを信じる祈りは安心をいただき、決して無駄になりません。また、サマディ祈願など、シッダーマスターにお願いする祈願も特別な力があり、効果的です。

太陽のような光が、
私たちの内側奥深くにあります。
それが、あなたの知らない
本当の自分。
死ぬことのない永遠の存在です。

目を閉じて暗闇の中を進むような人生から光を求めて

私たちは暗闇に住んでいます。それを光に変えることができるのです。太陽のような光が私たちの内側の奥深くにあります。その光があたって、命をいただき、生かされています。

しかし、私たちはまだエゴがあり心が曇り、自分が心と思い、目が開かれていないので、その尊い源の光に出会うことができず、感じることができません。

それは、暗闇の中を目を閉じて歩き、あちらこちらにぶつかりながら、痛みを感じ、悲しみを感じ、苦しみを感じて生きているようなものです。ときには運がいいこともありますが、結局は右往左往しています。

そんなことはもうやめて、パワーをいただきながら光に向かって進んでいきましょう。それが悟りへの道です。神のあることを信じ、悟りのマスターの恩恵をいただき、よい行為を差し出し、瞑想をして、光をいただいていくのです。

高次元のエネルギーが光の世界を見せてくれる

無知とは、源の存在、つまり本当の自分を知らないことです。自分は体だと思い、心だと思って執着し、翻弄されています。そこから解放されるために、ヒマラヤ秘教の恩恵に出会って、信仰し、修行をしていきましょう。

そして無知から理解へと、自分はいったい誰なのかということをしっかり悟っていくのです。

心を浄め、それを超えて、体を浄め、それを超えて悟っていきます。本当の自分は自由な存在であり、エネルギーが満ち、愛が満ち、平和が満ちています。

私たちはいずれ死ぬ存在です。そのときは、この体を置いて旅立たなければなりません。

永遠の存在が、あなたの源にあります。それは不死の存在です。あなたは自分が永遠の命の存在であることを知らないので、その体が病んだりあるいは終わりを迎えることに対し、執拗《しつよう》に恐怖を抱くのです。ディクシャを受けると、単に肉体の洋服を脱ぐように、気楽で安らかに天国に旅立てるのです。

会社員の女性は高校を中退し、何をやっても続かない、中途半端な毎日を送っていたそうです。しかし、ヒマラヤシッダー瞑想に出会い、自分の人生が大好きになりました。今は自分に合った会社で一生懸命に働いています。小さな積み重ねで光の方向に進んでいます。

21歳になる男性は、瞑想をはじめて1年ぐらいのときに、希望する大学へ受かったということです。受験の面接では、自分が話しているとは思えないほど饒舌《じょうぜつ》になり、入学後もたくさんいいことがあったそうです。

ヒマラヤの瞑想で源の存在につながることで、運命が好転します。高次元のエネルギーで楽に生きていけます。暗闇から光へと導かれるのです。

すべての人に心と体があり、
魂があり、
一生懸命に生きています。
相手を尊敬します。
人を助け、親切にします。
他人を理解しながら生きていきます。
これが完全な人間の務めです。

誰にも平等に与えられた心と体に感謝する

私たちは、心と体があることを当たり前に思っていることが多いのではないでしょうか。目も耳も外を向いています。自分の外側には意識を向けやすいのですが、肝心な内側についてはわからないのです。私は究極のサマディで真理を悟り、内側のからくりを知り尽くしました。

みなさんを内側から変えて幸せにできるのです。

誰もが分け隔てなく、神の愛でこの心と体を与えられています。それを感謝なく、自分勝手に欲望のままにこの心と体を使ってきたと思います。

いろいろな価値観をもち、好き嫌いで心と体を使ってきました。そしてカルマを積んできました。シッダーマスターの恩恵で、あなたの無限の愛が目覚めます。あなたを変容させて、生まれ変わり、愛の人になります。

そうすることで、あなたは自分を愛し、人を愛します。自分を尊敬し、相手も尊敬します。この体と心の神秘の力を引き出し、上質な人生をめざします。

"Praying"

祈りは大切です。
朝起きたら、
感謝して一日の平和を祈ります。
祈るだけで、
一日よい心で過ごせます。

瞑想は心の整理。祈りは心をよい方向へ導く行い

瞑想は心を整理する営みです。カルマを浄化して、空っぽになっていきます。

祈りは、神とマスターへの信仰をもって、神聖なエネルギーとのつながりをより深め、よいエネルギーがいただけるように、正しい方向に行為が向かうように、エネルギーの道すじをつくる行為です。

エゴはつねに自分を守り、その存在を知らせようとします。祈りに願いを込めるとき、祈る人のエゴにならないように注意します。自分勝手なお願いばかりの祈りにしてはいけません。

祈りがしっかり神に届けられていくためには、自らを浄めていかなければならないのです。

無欲の心が必要です。エゴの心での祈りは、ときに悟りを妨げるのです。

そしてヒマラヤシッダー瞑想をいただき、心を整理整頓し、執着を取り除き、浄化を進めることが必要なのです。

"Praying"

人のために祈ります。
純粋な心で祈ります。
一日をやすらかでいるために
祈ります。

エゴのある祈りは悪いカルマを積んでしまう

祈ることによって、いい気持ちで毎日を生きることができます。

さまざまな祈りがありますが、それはエゴのためではありません。我欲にまかせた祈りが実現すると、悪いカルマを積むことになります。

人のために祈るのです。あなたの身近な人の幸せや、もっと広い心で世界の平安など、純粋な心で心の底から実現したいことを言霊《ことだま》にします。

ヒマラヤの恩恵で祈ります。シッダーマスターを通じて神につながることでパワフルになり、カルマを積まない純粋な祈りになり、願いが叶うのです。

祈りをよりたしかなものにするために、シッダーマスターの高次元のエネルギーに委ねることもできます。その存在の祈りは、サマディプジャ、サマディヤギャと呼ばれるものです。本人が直接祈るとカルマが入り、欲が強くなりすぎるのです。マスターのマントラとサンカルパ（神の意志）によるサマディヤギャ祈願は、火のパワーで願いを成就します。

愛をシェアします。
家族や子どもの幸せ、
まわりの人たちの幸せを
祈ります。

浄化された純粋な愛をまわりに分け与える

自分を信頼し、また神を信頼して、悟りへの道を進んでいきます。あなたが人を信頼し、深い慈愛を出していくことで、家族を含めた人間関係がうまくいくのです。

中心につながり、源につながり、悟りのマスターにディクシャでつながることで、あなたの奥深くの純粋な愛が目覚めます。そこからの慈愛をシェアしていきます。あなたのエゴの好き嫌いの思いをシェアするのではなく、浄められたピュアな愛をシェアしていくのです。

まず、あなたのまわりの人の幸せを祈りましょう。

そのひとりひとりのために、祈願を出していくとよいでしょう。それはその人が神の恩寵をいただき、浄化され、そして進化の旅に向かう準備になることでしょう。

小さなことから、世界の平和に貢献する第一歩になっていきます。

サマディヤギャは、祈りを捧げる聖なる火の儀式

ヒマラヤ秘教には、ヒマラヤ聖者（シッダーマスター）が祈りを捧げる、聖なる日々の祈りのサマディプジャと、火の儀式のサマディヤギャがあります。

サマディプジャは、みなさんの祈願と供養を、聖者が代理で祈るものです。

ヤギャは古代インドから伝わる祈願の儀式で、崇高な波動をもつマスターが火を焚《た》きながら、マントラとともに祈願や供養を捧げるものです。日本の護摩《ごま》焚《だ》きの原型にあたり、高次元の波動がさまざまな祈願を叶えます。

古くは王侯貴族、また国家が繁栄などを祈願したそうです。その儀式は今も受け継がれ、効果的でパワフルです。私もインドやネパールで大規模なサマディヤギャを定期的に行っています。祈願されるのは個人の成功を願うものから、世界平和や地球の環境浄化まで、内容もスケールもじつにさまざまです。

こうしたヤギャで祈りを捧げていただくのも、あなたのまわりに無償の愛をシェアするひとつの手段です。祈願をした方から、いろいろな報告をいただきます。

51歳の女性は、入院中の父親のため、緊急で祈願を出したそうです。お父様は何年も寝たきりでしたが、とてもきれいな顔つきで、穏やかに、純粋な波動とともに天に向かわれたそうです。神様が決めた旅立ちです。また、祈願によって彼女のお母様もパニック障害の症状が緩和されたとのことです。

48歳の女性からは、何度か病気平癒の祈願を出すたびに、驚くような恩恵があった、と報告を受けました。余命わずかと宣告を受けた彼女の母親のいとこは、祈願の後、1年半も長らえて、最期《さいご》は安らかに旅立つことができたそうです。また、墓じまいのタイミングで、彼女のお父様が先祖供養の祈願を出したところ、お父様まで思いがけず健康を取り戻し、ご先祖ともども助けられた、と大喜びしたようです。

祈願で発揮されるシッダーマスターのアヌグラハ（神の恩寵）のエネルギーにより、祈願者のまわりの人までよい波動に包まれていきます。そして奇跡のようなことが起きています。

感謝の気持ちには
パワーがあります。
すべてに感謝していけば、
どんどん運が開けていきます。

美しい思いは美しい感謝のことばになる

私の会では、シッダーマスターの祈りの言葉を順次伝授し、それを通して、真理をガイドしています。

宇宙の源に大いなる存在があり、それにより人間は生かされていること。その存在に意識を向け、感謝します。

自然の真理にも目も向けます。

太陽はすべての生き物に光を与え、命を与えてくれます。月の満ち欠けのリズムは、私たちの心や体に大きな影響を及ぼします。そして空、風、火、水、土の5つの要素で宇宙も、私たちの体もつくられています。こうした宇宙の力によって、私たちは体と心をいただき、そしてさまざまな体験をして、成長していきます。

さらに、私たちが今ここに存在するのは、遠い祖先からの連綿と続くつながりのおかげです。そうした絆にも心をとめなくてはいけません。感謝という美しい思いは美しいことばになります。そして体や心、魂を美しく育みます。

story 5

あなたの中に広がる深遠な宇宙は可能性の宝庫

「マニュプラ・チャクラ」は「火」のエネルギーのセンターです。おへそのあたりにあって、行動力や意志力が盛んな、やる気のエネルギーです。ここを浄めると自信が湧いて、ポジティブになります。「水」のエネルギーのセンターは「スワディシュターナ・チャクラ」。おへそと会陰部の間の下腹部になり、創造性や感情、物質的な喜びに関わります。ここを浄めると感性が豊かになります。

そして「土」のエネルギーのセンターは「ムーラダーラ・チャクラ」といいます。肛門と性器の間の会陰《えいん》部にあり、カルマが詰まって重く、愚鈍なチャクラです。ここを浄めると慈愛が高まり、イマジネーションが発達します。

私たちは大宇宙と同じ素材で構成され、同じしくみで活動しています。ひとりの存在は小さなものですが、その内面は深遠で悠久なものなのです。チャクラひとつをとっても、誰もが限りない可能性を秘めています。「自分は宇宙から送られてきた存在」という自信をもって、力強く生きていただきたいと思います。

愛とやすらぎ、静寂に満ちた世界へ

「はじめに」でも紹介したように、この本のテーマは「愛」です。

各章の中で幸福、人生、仕事、お金、結婚、家族、人間関係、介護など、みなさんにとって身近なキーワードを取り上げていますが、そのすべてに「愛」という水脈が流れています。

あなたはどんな読後感をおもちでしょうか。行間を満たす「愛のメッセージ」をうまく汲み上げていただけましたか。

この本に紹介した言葉は、サマディの愛から生まれた「真理の言葉」です。

本書を読むことで瞑想と同じ効果があり、気づきをいただき、あなたの暗闇に光が灯されます。

今、新型のウイルスが猛威を振るい、世界中が混乱をきたしています。

この緊急的な状況を乗り越えるため、瞑想の時間をもつことは、とても有意義なことです。

瞑想は心を整理する営みです。ヒマラヤの恩恵をいただいて空っぽになり、カルマを浄化していきます。不安や恐怖が渦巻くこんなときだからこそ、瞑想で静かな時間をもち、ざわつく心を鎮めてはいかがでしょうか。

私はヒマラヤの奥地で修行をして心身を浄め、死を超えて深い瞑想を起こしました。さらに、神と一体となる「究極のサマディ」を成就して真理を悟ったのです。人間の内側のからくりを知り尽くしたことで、みなさんの意識を内側から浄め、救うことができます。

それはヒマラヤ聖者ならではの「最高の瞑想秘法」です。

シッダーマスターの導きのもと、源の存在とつながり、高次元のエネルギーをいただきながら瞑想を実践します。

そこには心配も恐れも、世間の喧騒もありません。愛と安らぎと生命力に満ちた世界です。あなたはどんな世の中でも適応でき、幸せを得る人に変容します。

未知のウイルスを寄せつけず、悩みも消えていきます。


今にいます。愛を出します。

神を愛してください。マスターを愛してください。

そして自分を愛してください。

あなたに神の愛が注がれんことを。

私、ヨグマタがお祈りいたします。

2021年2月
ヨグマタ相川圭子

ヨグマタ　相川圭子

女性で史上初めて「究極のサマディ（悟り）」に達したシッダーマスター（サマディヨギ／ヒマラヤ大聖者）。現在、会うことのできる世界でたった2人のシッダーマスターのうちのひとり。ヨグマタとは「宇宙の母」、インド知識協会から賜った最高の宇宙の師という称号。仏教やキリスト教の源流である5000年の伝統をもつヒマラヤ秘教の正統な継承者。

1986年、伝説の大聖者ハリババジに邂逅。標高5000メートルを超えるヒマラヤの秘境で、死を超える究極のサマディ、神我一如を成就。何日間も究極のサマディに没入して復活する。究極の真理を悟る。その後1991～2007年のあいだ、計18回、インド各地で世界平和と真理の証明のための公開アンダーグラウンドサマディを行う。その偉業は、インド中の尊敬を集めた。

2007年、インド最大の霊性修行の協会「ジュナ・アカラ」より、最高指導者の称号「マハ・マンダレシュワル（大僧正）」を授かる。日本をはじめ欧米などで法話と祝福、ディクシャとヒマラヤ瞑想秘法を伝授。真の幸せと悟り、サマディコースの各種研修と瞑想合宿を開催し、人々の魂の救済を行う。2016年6月と10月、2017年5月には、国連の各種平和のイベントで主賓としてスピーチ。2019年8月にはワールドピース・キャンペーン・アワード（世界平和賞）を開催。

主な著書は『瞑想の力』（大和書房）、『ヒマラヤ大聖者のマインドフルネス』（幻冬舎）、『八正道』（河出書房新社）、『The Road to Enlightenment: Finding the Way Through Yoga Teachings and Meditation』（講談社USA）など50冊以上。さらに、テレビ・ラジオでも、サマディメッセージで祝福を与える。TBSラジオ「相川圭子 幸せへのメッセージ」にレギュラー出演中。

ヨグマタ相川圭子主宰
サイエンス・オブ・エンライトメント
TEL：03・5773・9870（平日10時〜20時）
FAX：03・3710・2016（24時間受付）
ヨグマタ相川圭子公式ホームページ
http://www.science.ne.jp

幸福《こうふく》が満《み》ちる愛《あい》のことば

2021年3月5日　第1刷発行

著　　者　相川圭子《あいかわけいこ》
発 行 者　佐藤 靖
発 行 所　大和《だいわ》書房
東京都文京区関口1-33-4　〒112-0014
電話　03(3203)4511
本文印刷　信毎書籍印刷
カバー印刷　歩プロセス
製　　本　ナショナル製本

ISBN978-4-479-77229-3

http://www.daiwashobo.co.jp

デザイン
庄子佳奈
(marbre plant inc.)

編集協力
児玉光彦

校正
メイ